Spuren suchen – Spuren finden

Am 22. Juli 1942 richtete der Oberstaatsanwalt beim Landgericht Feldkirch, Vorarlberg, „Fernruf 27", folgende Anfrage an die Geheime Staatspolizei in Düsseldorf:

> „Der in der Haftanstalt Feldkirch als Untersuchungsgefangener einsitzende Privatangestellte Heinrich H e i n e n aus Berlin, geboren am 14. Mai 1920 in Köln, ledig, hat zugestanden, mit der am 24. April 1920 in Langenfeld bei Düsseldorf geborenen Jüdin Edith Sarah Meyer (Eltern Max und Rebekka, geb. Salomon) seit anfangs 1940 mehrfach Geschlechtsverkehr gehabt zu haben. Die Meyer hat noch angegeben, dass sie zuerst in Langenfeld, Gansbohlerstrasse 23 gewohnt habe, dass sie aber am 8. Dezember 1941 mit einem Sammeltransport nach Riga gebracht worden sei, wo sie dann im Ghetto gewohnt habe. Von hier habe sie Heinen, was dieser auch zugegeben hat, zu Ostern 1942 entführt. Schließlich wurden beide im Juni 1942 bei dem Versuch, die Reichsgrenze gegen die Schweiz zu überschreiten, im hiesigen Landgerichtsbezirk festgenommen.
> Ich bitte nun um Mitteilung, was dort über die Meyer bekannt ist und ob nach den dortigen Unterlagen insbesondere feststeht, dass die Meyer, wie sie selbst zugegeben hat, Volljüdin ist. Gleichzeitig bitte ich noch um Bekanntgabe, an welche Stelle ich mich wegen des Aufenthaltes der Meyer in Ri

Hinter dieser nüchternen amtlichen Anfrage verbirgt sich eine ungeheuerliche Geschichte, die Geschichte einer großen Liebe, einer waghalsigen Flucht und eines tragischen Scheiterns. Es ist die Geschichte von Heinrich Heinen und Edith Meyer, eines „Deutschen" und einer „Jüdin", die für ihre Liebe ihr Leben riskierten – und verloren.

Achtzehn Jahre waren die beiden alt, als sie sich im Jahr 1938 in Köln kennen lernten und ineinander verliebten. Ihre Liebe war stets von Entdeckung und Bestrafung bedroht, denn die in Deutschland geltenden Rassengesetze verboten Liebesbeziehungen zwischen „Deutschen" und „Juden". Bis zum Dezember 1941 war es den beiden Liebenden dennoch möglich, sich heimlich und im Verborgenen zu treffen, dann aber brach die Katastrophe über sie herein: Edith wurde wie Tausende andere Juden aus den Städten und Dörfern Deutschlands in den Osten deportiert.

Heinrich versuchte nun, den Aufenthaltsort von Edith in Erfahrung zu bringen und kündigte schon zu Weihnachten 1941 an, „wenn er wüßte, wo die Edith wäre, würde er sie aus dem Lager holen"[2].

Zu Ostern 1942 wusste Heinrich, wo Edith war: im Ghetto von Riga. Und er machte sein Vorhaben wahr. Von Berlin aus fuhr er nach Riga, um Edith zu befreien. Es gelang ihm, Edith unter den mehr als 25.000 Juden, die aus Deutschland, Österreich und der Tschechoslowakei dorthin deportiert worden waren, ausfindig zu machen und mit ihr aus dem mit Stacheldraht umzäunten und schwer bewachten Ghetto zu fliehen. Von da an hatten die beiden nur mehr ein Ziel: die Schweiz zu erreichen. Dort wollten sie heiraten.

Mehr als 3.000 Kilometer legten die beiden auf ihrer Flucht unentdeckt zurück. Von Riga flohen sie zunächst

HAYMON taschenbuch **153**

Auflage:
4   3   2   1
2016 2015 2014 2013

HAYMON tb **153**

Aktualisierte Taschenbuchausgabe
Haymon Taschenbuch, Innsbruck-Wien 2013
www.haymonverlag.at

© Haymon Verlag 2012, Innsbruck-Wien

Alle Rechte vorbehalten. Kein Teil des Werkes darf in
irgendeiner Form (Druck, Fotokopie, Mikrofilm oder in einem
anderen Verfahren) ohne schriftliche Genehmigung des Verlages
reproduziert oder unter Verwendung elektronischer Systeme
verarbeitet, vervielfältigt oder verbreitet werden.

ISBN 978-3-85218-953-6

Umschlag- und Buchgestaltung, Satz:
hœretzeder grafische gestaltung, Scheffau/Tirol
Das Coverfoto zeigt Edith Meyer; Leihgeber: Ernst Meyer,
Sammlung Günter Schmitz
Autorenfoto: Wolfgang Müller

Gedruckt auf umweltfreundlichem,
chlor- und säurefrei gebleichtem Papier.

Alfons Dür
Unerhörter Mut

Eine Liebe in der
Zeit des Rassenwahns

Alfons Dür
Unerhörter Mut

Inhalt

- 7 Spuren suchen – Spuren finden
- 15 Die Herkunft von Heinrich Heinen und Edith Meyer
- 29 Das „Reichsjudenghetto" von Riga als Deportationsziel von Edith Meyer
- 36 Die Deportation von Edith Meyer von Düsseldorf nach Riga
- 53 Im Ghetto von Riga
- 59 Die Flucht von Riga nach Feldkirch
- 75 Endstation Feldkirch
- 85 In der Haftanstalt
- 97 Rassendiskriminierung und Rassenschande
- 107 Heinens Verurteilung
- 121 Dramatische Tage
- 124 Sieben in einer Zelle
- 135 Der Ausbruch
- 145 Heinens letzte Flucht
- 159 Das Schicksal der anderen
- 178 „Ich bitte daher, mir meine Frau wiederzugeben." – Das Schicksal der Helene Krebs
- 192 Was geschah mit Edith Meyer?
- 197 Ein persönliches Schlusswort

- 203 Abkürzungen
- 204 Anmerkungen

nach Königsberg, von dort nach Berlin, von Berlin nach Solingen. In Solingen konnte sich Edith für einige Tage bei ihrer jüdischen Cousine Helene Krebs verstecken, Heinrich hingegen fuhr wieder an seinen Arbeitsplatz nach Berlin zurück, wohin ihm wenig später auch Edith folgte. Nach acht Tagen verließen sie Berlin wieder und fuhren nach Königswinter am Rhein, wo sie drei Tage in einer Pension verbrachten. Von dort fuhren sie mit der Bahn nach Konstanz und versuchten zum ersten Mal, die Grenze zur Schweiz zu überschreiten, was aber nicht gelang. Deshalb fuhren sie weiter nach Bludenz in Vorarlberg. Dort ging ihnen das Geld aus, worauf sie in der Nacht vom 22. auf den 23. Juni 1942 in Feldkirch versuchten, die Grenze zur Schweiz zu überqueren. Hierbei wurden sie festgenommen und in die Haftanstalt des Landgerichtes [3] Feldkirch eingeliefert. Die Entscheidung über ihr weiteres Schicksal lag nun in den Händen der Justiz und der Gestapo von Feldkirch.

Auf diese Geschichte wurde ich erstmals im Jahre 1997 im Rahmen meiner beruflichen Tätigkeit als Vizepräsident des Landesgerichtes Feldkirch aufmerksam. Der Langenfelder Historiker Günter Schmitz [4] war bei Nachforschungen zur Geschichte der in Langenfeld wohnhaft gewesenen Juden auf die in Feldkirch gescheiterte Flucht dieses Paares aufmerksam geworden und wollte wissen, ob dazu beim Landesgericht Feldkirch noch Akten vorhanden wären. Kurze Zeit später wandte sich ein weiterer Historiker, Holger Berschel, mit dem gleichen Anliegen an das Landesgericht Feldkirch. Er war bei Forschungen zur Geschichte des Judenreferates der Gestapo Düsseldorf [5] auf das Ermittlungsverfahren gestoßen, das die Gestapo Düsseldorf gegen Ediths Cousine Helene Krebs eingeleitet hatte, nachdem diese Edith auf ihrer Flucht eine Woche lang in ihrer Wohnung versteckt hatte. Diese Fluchthilfe war der Gestapo Düsseldorf denunziert worden, was schließlich zur Einweisung der hochschwangeren Helene Krebs in das Konzentrationslager Auschwitz führte, wo sie wenig später starb.[6] Auch er wollte wissen, ob es in Feldkirch noch Unterlagen zur Flucht von Heinrich Heinen und Edith Meyer gebe.

Nur wenig ließ sich damals zu diesen Anfragen finden. Der Name von Heinrich Heinen und Edith Meyer war zwar im Gefangenenbuch der Haftanstalt (dort „Mejer" geschrieben) und im Register des Ermittlungsrichters (dort „Mayr" geschrieben) verzeichnet, Akten waren jedoch nicht vorhanden. Aus den Eintragungen ging lediglich hervor, wann die beiden in die Haftanstalt eingeliefert worden waren und wann sie diese wieder verlassen hatten. Bei Edith Meyer war als Austrittsdatum „29. August 1942, 9 Uhr" und als Austrittsgrund „Gestapo Feldkirch übernommen" vermerkt. Bei Heinrich Heinen befand sich neben dem Namen ein Kreuzzeichen. Bei ihm war als Grund für den Austritt aus der Haftanstalt eingetragen: „auf der Flucht in Hohenems erschossen". Dass Heinen gemeinsam mit anderen Häftlingen aus dem Gefängnis von Feldkirch ausgebrochen und dann auf der Flucht in Hohenems erschossen worden war, war bekannt und schon in dem 1985 erschienenen Buch „Von Herren und Menschen. Verfolgung und Widerstand in Vorarlberg 1933 bis 1945"[7] erwähnt. Ebenso auch, dass er zuvor in Feldkirch wegen Rassenschande und Wehrdienstentziehung zu fünf Jahren Zuchthaus verurteilt worden war. Über den Ausbruch aus dem Gefängnis und die Flucht von Heinen nach Hohenems war aber nichts Näheres

Nummer des Gefangenenbuches	Annahmetag und Tageszeit	Angaben zur Person Familienname, Vornamen, Beruf, Geburtstag und -ort	Strafentscheidung	a) Vollstreckungsbehörde oder sonstige um Aufnahme ersuchende Behörde b) Geschäftszeichen
1	2	3	4	5
† 165	23. 6. 1942 0 Uhr 50 Min.	Heinrich *Meinen* Beruf: *Kaufm. Angestellter* geboren am: 14. 5. 1920 in *Lindenthal* bei *Köln*	27.8. 1942 Strafg. z. 3 Jh.o	Gen.Staats. Lindwyn. Gelb.tt. Uts 29/42
166	23. 6. 1942 0 Uhr 50 Min.	Edith *Meyer* Beruf: *Hausgehilfin* geboren am: 24. 4. 1920 in *Langenfeld* bei *Düsseldorf*		Gen.Feldk. 0

Auszug aus dem Gefangenenbuch der Haftanstalt Feldkirch

bekannt. Und auch zu seiner Verurteilung wegen Rassenschande ließen sich keine Akten finden.

1998 kam es neuerlich zu einer Anfrage von Günter Schmitz aus Langenfeld. Die Spur von Edith Meyer ende in Feldkirch. Über ihr weiteres Schicksal lasse sich nichts in Erfahrung bringen. Günter Schmitz wollte wissen, ob sich vielleicht aus anderen Fällen Hinweise ergeben könnten, was mit Edith Meyer geschehen sein könnte. Trotz neuerlicher Nachforschungen konnte diese Frage vorerst nicht geklärt werden. Bei einem Besuch im Dokumentationsarchiv des Österreichischen Widerstandes in Wien erhielt ich die Auskunft, dass über das weitere Schicksal von Edith Meyer nichts bekannt sei. Wenige Tage später wurde mir jedoch schriftlich mitgeteilt, dass eine Karteikarte der Gestapo von Innsbruck erhalten sei, aus der sich ergebe, dass Edith Meyer am 9. Oktober 1942 nach Auschwitz deportiert worden sei. Dorthin also führte ihre Spur.

Im Jahr 2005 stieß ich, mittlerweile Präsident des Landesgerichtes Feldkirch, bei Recherchen für eine Chronik zur Geschichte dieses Gerichtes auf die nur unvollständig erhalten gebliebene Akte des jungen Tschechen Friedrich Frolik[8], der im August 1942 bei dem Versuch, illegal die Grenze zur Schweiz zu überschreiten, festgenommen und in der Haftanstalt des Landgerichtes in jenen Haftraum eingewiesen worden war, in dem sich neben anderen Häftlingen auch Heinrich Heinen befand. Aus der Akte ging hervor, dass sich Frolik am Ausbruch von Heinrich Heinen und mehreren anderen Häftlingen aus der Haftanstalt beteiligt hatte. Deswegen wurde er nach seiner neuerlichen Festnahme zum Tode verurteilt und hingerichtet. Das gegen Friedrich Frolik ergangene Todesurteil enthält eine minuziöse Schilderung dieses Ausbruchs, als dessen geistiger Urheber und Rädelsführer Heinen bezeichnet wird. Über ihn heißt es dort: „Seine Verwegenheit offenbarte sich in der Befreiung seiner Braut Sarah Meier aus dem Ghetto in Riga (...)" und weiter: „Heinen wollte seine Braut Sarah Meier, die aber inzwischen abgeschoben worden war, und andere Gefangene befreien". Da mir die Flucht von Heinrich Heinen und Edith Meyer aus Riga auf Grund der Jahre zuvor erfolgten Anfragen von Günter Schmitz und Holger Berschel bekannt und in Erinnerung war, wurde mir rasch bewusst, dass *Sarah Meier* niemand anderer war als Edith Meyer. Der an sich bekannte Ausbruch mehrerer Häftlinge aus der Haftanstalt von Feldkirch und der Tod von Heinrich Heinen erhielt dadurch einen völlig neuen Hintergrund: Heinen wollte seine Edith ein zweites Mal retten und neuerlich mit ihr fliehen.

Dass Heinen und seine Mithäftlinge die Haftanstalt vergeblich nach Edith Meyer durchsucht hatten und diese, wie aus der Karteikarte der Gestapo Innsbruck hervorgeht, nur wenige Stunden zuvor von Feldkirch nach Innsbruck überstellt worden war, beeindruckte und berührte mich zutiefst. Welche Tragik lag über diesem Geschehen. Und welches Verhängnis lag über Friedrich Frolik, der wegen seiner Beteiligung am Ausbruch aus dem Gefängnis zum Tode verurteilt und hingerichtet wurde.

2008 wurde schließlich noch ein lange verschollen geglaubter Aktenbestand aus der NS-Zeit gefunden, in dem sich auch die Akte mit Heinens Verurteilung wegen Wehrdienstentziehung und Rassenschande[9] befand. Mosaikstein für Mosaikstein erschloss sich mir so über Jahre die Geschichte von Heinrich Heinen und Edith Meyer.

Nach meiner Pensionierung wollte ich diese Geschichte genauer erforschen. Was ließ sich nach so langer Zeit noch über das Leben und die Flucht dieses Paares in Erfahrung bringen? Mich interessierten die Weiterungen, die der Fall in Feldkirch genommen hatte. Wie reagierten Justiz und Gestapo insgesamt auf die an der Grenze zur Schweiz gescheiterten Fluchtversuche? Und welches Geschick hatte die sechs Männer in der Zelle 52 der Haftanstalt von Feldkirch zusammengeführt, die am letzten Sonntag im August des Jahres 1942 aus dem Gefängnis ausbrachen, nachdem sie vorher die Haftanstalt vergeblich nach Edith Meyer durchsucht hatten. Was geschah mit ihnen nach dem Ausbruch? Mich interessierten auch die Auswirkungen der Flucht von Heinrich Heinen und Edith Meyer auf die in Solingen wohnhaft gewesene Helene Krebs. Welche Abläufe hatten dazu geführt, dass Ediths

Cousine in hochschwangerem Zustand in das Konzentrationslager Auschwitz eingewiesen wurde, wo sie wenig später starb?

Als Ergebnis meiner Nachforschungen liegt nun dieses Buch vor. Es folgt den Spuren von Heinrich Heinen und Edith Meyer und versucht, die Geschichte dieses Liebespaares und der in ihr Schicksal verwobenen Menschen dokumentarisch nachzuzeichnen.[10] Es versucht, an ihrem Beispiel zu zeigen, welch großes Leid die nationalsozialistische Rassenpolitik über Tausende von Menschen brachte und wie schwierig es in jener verhängnisvollen Zeit war, dem Herrschaftsapparat des Nationalsozialismus zu entfliehen. Es will auch Einblick geben, wie die Justiz und die Gestapo von Feldkirch auf die an der Grenze zur Schweiz gescheiterten Fluchtversuche reagierten. Das vorrangigste Ziel dieses Buches besteht aber darin, die bedrückende und berührende Geschichte von Heinrich Heinen und Edith Meyer in das Gedächtnis der Gegenwart zurückzuholen und das Schicksal dieses Liebespaares vor dem Vergessen zu bewahren.

Die Herkunft von Heinrich Heinen und Edith Meyer

Heinrich Heinen entstammte einer katholischen Arbeiterfamilie aus Köln-Lindenthal. Sein Vater Nikolaus Heinen war Fabrikarbeiter, seine Mutter Anna, geb. Maes, Hausfrau.

Heinrich wurde am 14. Mai 1920 geboren und noch am Tag seiner Geburt in der Universitäts-Frauenklinik von Köln getauft.[11] Seine Eltern lebten damals in Köln, Severinstraße 209. Später übersiedelten sie an den Georgsplatz 7. Dort erhielten sie auch die Nachricht vom Tod ihres Sohnes.

Der Georgsplatz hat seinen Namen von der Georgskirche, der einzig erhaltenen frühromanischen Säulenbasilika des Rheinlandes, deren Geschichte bis in das Jahr 1057 zurückreicht. St. Georg „ist eine der täglich meistbesuchten Kölner Kirchen", heißt es in einem Buch über das „Heilige Köln". „Ihre Proportionen sind klar überschaubar, die Maße auf den Menschen zugeordnet, der sich auch als einzelner nie verloren vorkommt, ihr beständiges Dämmerlicht ist wie eine Trennung von aller gewohnten Hast des Tages." In dieser Kirche befindet sich der Torso eines Gekreuzigten, dessen Antlitz ein Leid erahnen lässt, „das an der Grenze des Erfahrbaren liegt."[12] Hier werden Heinens Eltern wohl oft ihres „auf der Flucht erschossenen" Sohnes gedacht haben.

Beim letzten Bombenangriff auf Köln vom 2. März 1945 wurden die Georgskirche und das Viertel um den Georgsplatz schwer beschädigt. Wahrscheinlich wurde dabei auch Heinens Elternhaus zerstört. Ob Heinens Eltern den Krieg überlebten, konnte nicht geklärt werden, wie überhaupt über ihn und seine Familie nur wenig in Erfahrung gebracht werden konnte. Heute

Edith Meyer
(Foto: Leihgeber Ernst Meyer, Sammlung Günter Schmitz)

Edith Meyer (links hinten) gemeinsam mit anderen Kindern
(Foto: Leihgeber Ernst Meyer, Sammlung Günter Schmitz)

Edith Meyer mit Familie; v.l.n.r.: Schwester Alice Meyer,
Bruder Ernst Siegfried Meyer, Edith Meyer, vorne: Eltern
Max und Rosa Rebekka Meyer, geb. Salomon
(Foto: Leihgeber Ernst Meyer, Sammlung Günter Schmitz)

jedenfalls findet sich von Heinrich Heinen und seiner Familie in Köln kaum eine Spur.

Im Taufbuch der Universitäts-Frauenklinik ist vemerkt, dass Heinrich am 3. Februar 1930 in der Pfarre St. Columba in Köln gefirmt worden sei. Über die Firmung von Heinrich Heinen sind in den Büchern dieser Kirche jedoch keine Aufzeichnungen zu finden.[13] Auch zu seiner Schul- und Berufsausbildung konnte nichts Näheres erhoben werden.

Nach Angaben, die Heinrich Heinen in der Haftanstalt von Feldkirch gemacht hat, wurde er am 15. Januar 1942 durch das Arbeitsamt Köln als Kalkulator zu den Henschel-Werken nach Berlin dienstverpflichtet. Die Henschel-Werke zählten damals zu den bedeutendsten Rüstungsbetrieben des Deutschen Reiches.

Sie produzierten Lastkraftwagen für die Wehrmacht, Panzer, Flugzeuge und militärische Flugkörper.

Von seinem Arbeitsplatz in Berlin aus fuhr Heinen zu Ostern 1942 nach Riga, um Edith Meyer aus dem Ghetto zu befreien. Wo und bei welcher Gelegenheit er Edith kennen gelernt hat, ist nicht bekannt. In dem gegen Heinrich Heinen wegen Rassenschande ergangenen Urteil des Landgerichtes Feldkirch wird jedoch erwähnt, dass sich die beiden im Jahre 1938 kennen gelernt hätten. Damals waren beide achtzehn Jahre alt.

Über Edith Meyer und ihre Familie ist dank der Forschungen des Langenfelder Historikers Günter Schmitz weit mehr bekannt als über Heinrich Heinen und dessen Familie.[14]

Edith Meyer wurde am 24. April 1920 in Langenfeld/Rheinland geboren. Ihre Eltern waren Max und Rosa Rebekka Meyer, geborene Salomon. Edith hatte zwei Geschwister, Alice, geboren am 7. März 1910, und Ernst Siegfried, geboren am 5. Januar 1914. Alice emigrierte bereits im Jahr 1936 in die USA. Ernst Siegfried, der in Deutschland mit dem Medizinstudium begonnen hatte, emigrierte 1937 gleichfalls in die USA, nachdem jüdische Studenten von den Universitäten ausgeschlossen worden waren und er sein Studium in Deutschland nicht mehr fortsetzen konnte.

Edith besuchte vom 20. April 1926 bis zum Herbst 1935 die Marienschule in Opladen. Diese 1866 gegründete „Unterrichts- und Erziehungsanstalt für Töchter", die seit 1972 auch Knaben aufnimmt, stand bis zu ihrer Übernahme durch das Erzbistum Köln im Jahr 1996 unter der Leitung der „Congregation der armen Dienstmägde Jesu Christi". 1909 in ein Lyzeum umgewandelt,

Marienschule Opladen, die Edith Meyer von 1926 bis 1935 besucht hat. (Foto aus: „125 Jahre Marienschule Opladen 1866–1991", S. 50)

erhielt die Schule 1927 die Genehmigung zur Führung eines Oberlyzeums (Gymnasium für Mädchen). Wie das Beispiel von Edith Meyer zeigt, nahm die Marienschule nicht nur katholische, sondern auch jüdische Schülerinnen auf.

Edith Meyer verließ die Marienschule im Herbst 1935. Zu diesem Zeitpunkt hatte sie einen Schulabschluss, der einer Mittleren Reife entsprach. 1934/35 sank die Zahl der Schülerinnen erheblich, weil der nationalsozialistische Staat katholischen Privatschulen ablehnend gegenüberstand und der Marienschule in Opladen finanzielle Zuschüsse gestrichen wurden. Durch solche und andere Maßnahmen sollte ein allmähliches Ende des Schulbetriebes herbeigeführt werden. 1940

Kaufhaus der Gebrüder Meyer
(Foto: Leihgeber Ernst Meyer, Sammlung Günter Schmitz)

wurde die Marienschule vom Staat geschlossen. Wahrscheinlich führte diese sich bereits 1935 abzeichnende Entwicklung dazu, dass Edith Meyer die Schule im Herbst 1935 verließ, obwohl jüdischen Kindern zu diesem Zeitpunkt der Besuch einer höheren Schule noch nicht generell verboten war.[15] In den Schulakten ist vermerkt, dass sie ins Elternhaus zurückkehrte.

Am 20. Februar 1936 zog Edith von Langenfeld nach Düsseldorf, wo sie im Haus des Schulleiters der jüdischen Schule von Düsseldorf Dr. Kurt Gerson Herz in der Bilker Straße 44 als Haustochter wohnte. Bereits am 29. Mai 1936 zog sie jedoch wieder nach Langenfeld in ihr Elternhaus in der mittlerweile nach Adolf Hitler benannten Hauptstraße zurück.

Bekannt ist, dass Edith in der Folge als Schneiderin bei der Firma Brügelmann in Köln arbeitete, einer

Firma, die seit 1820 vor allem Bettwäsche, Bettdecken und Leintücher erzeugt.

Ediths Vater Max, geboren am 7. August 1874 in Ganspohl, einem Ortsteil von Langenfeld, betrieb mit seinem Stiefbruder Bernhard ein Warenhaus, in dem alles erhältlich war, was damals in einer „Gemischtwarenhandlung" üblicherweise gekauft werden konnte: Kleider, Stoffe, Schuhe, Möbel, Geschirr, Werkzeuge und vieles mehr. „Maß-Anzüge von 25 Mk. an. Stoffmuster franko zu Diensten", offerierte das „Warenhaus Gebr. Meyer" 1907 in einem Inserat. Das Kaufhaus hatte in Langenfeld und Umgebung einen guten Ruf. Die Eigentümer waren wie die übrigen jüdischen Bürger von Langenfeld in das kulturelle und soziale Leben der Gemeinde integriert, betätigten sich in verschiedenen Vereinen und nahmen am gesellschaftlichen und kulturellen Leben von Langenfeld teil. Bis zur Machtergreifung der Nationalsozialisten gab es in Langenfeld keine nennenswerten antisemitischen Zwischenfälle.

Langenfeld, dreißig Kilometer nördlich von Köln und fünfundzwanzig Kilometer südlich von Düsseldorf gelegen, besteht aus mehreren Ortsteilen, die im Jahr 1936 vereinigt wurden. Bis zu dieser Vereinigung hieß die Gemeinde Richrath-Reusrath. 1933 hatte die Gemeinde knapp 16.000 Einwohner, 73 davon waren Juden. Mit diesen 73 Mitgliedern war Richrath-Reusrath die größte jüdische Gemeinde im Rhein-Wupper-Kreis.

Nach der Machtergreifung der Nationalsozialisten kam es auch in Langenfeld zu antisemitischen Ausschreitungen, sodass schon kurze Zeit später die ersten jüdischen Bürger die Gemeinde verließen. 1935 lebten nur mehr 54 Juden in Langenfeld, 1939 noch 34, von denen 19 Patienten der Provinzial-Heil- und Pflegeanstalt Langenfeld-Galkhausen waren. In dieser Anstalt waren seit ihrer Gründung Juden aus dem Rheinland als Patienten untergebracht.

Auf die Ermordung des Legationssekretärs der deutschen Botschaft von Paris, Ernst Eduard vom Rath, durch den siebzehnjährigen Juden Herschel Grynszpan folgten in der Nacht vom 9. auf den 10. November 1938 in ganz Deutschland vom NS-Regime organisierte und gelenkte Pogrome und Ausschreitungen gegen Juden. Auch in Langenfeld kam es zu schweren Gewalthandlungen der SA und SS gegen jüdische Bürger, bei denen auch das Geschäft und die Wohnungen der Gebrüder Meyer, die sich im Geschäftshaus befanden, beschädigt und geplündert wurden. Ediths Vater wurde im Zuge dieser Ausschreitungen festgenommen und in das Polizeigefängnis verbracht, aus dem er erst am 22. November 1938 wieder entlassen wurde.

Max Meyer erstattete nach dem Krieg Anzeige gegen die Tatbeteiligten an den damaligen Ausschreitungen. Das Verfahren endete mit geringfügigen Strafen für mehrere Beteiligte. Aufschlussreich ist die Aussage, die Antonie Brüggemann, die katholische Haushälterin von Albert Salomon, einem Onkel von Edith Meyer, in diesem Verfahren machte. Ihre Aussage zeigt, wie die Ausschreitungen gegen Juden in der Reichspogromnacht vom 9. auf den 10. November 1938 in dieser kleinen Stadt, in der nur mehr wenige Juden lebten, abliefen:

> „Ich hörte, daß in unserem Haus Scheiben eingeschlagen wurden. Aus diesem Grund stand ich auf und begab mich zum Parterre. Ich hatte keinen Verdacht, was für Personen es sein könn-

ten, die die Zertrümmerung vornahmen. Salomon selbst befand sich noch auf der Etage und hatte er, wie ich später erfuhr, eine Waffe zum Fenster hinausgeworfen. Bemerken möchte ich noch, daß von draußen dem Salomon zugerufen wurde, er möchte seine Waffe herausgeben. Salomon war im Besitze eines Waffenscheines. Nach kurzer Zeit hat Salomon das Haus verlassen und ist nach dem damaligen Polizeimeister Schoofs, Talstr. hingegangen, um dort um Schutz zu bitten. Von dort kam er zurück und erklärte mir, daß Schoofs ihm für Schutz sorgen würde. Nach einiger Zeit fuhr nun ein Auto am Haus Salomon vor und wir waren der Annahme, daß es Polizeibeamte waren. Aus diesem Grund öffnete Salomon die Haustüre und kamen nun 6–8 SA-Leute in Uniform herein, die sofort über Salomon herfielen. Mit einer Treppenlatte, die von den SA-Leuten abgerissen wurde, wurde nun Salomon mißhandelt. (...) Ph. M. hat mit der Latte den Salomon mißhandelt. Sein Vater, der F. M. zog den SA-Dolch und wollte damit auf Salomon einstechen. Der Sturmführer F. hielt ihn davor zurück. Salomon lag auf dem Fußboden im Flur. Ob er durch die Mißhandlung blutete, kann ich nicht angeben. Ich bin von der ersten Etage aus, weil ich Angst um mein Leben bekam, aus dem Fenster gesprungen und blieb schwer verletzt im Garten liegen. Von dort hörte ich das schwere Stöhnen des Salomon. Durch diesen Sprung aus dem Fenster war das rechte Bein dreimal gebrochen und das linke einmal. Nach etwa 10 Minuten habe ich geklopft und hat Herr Salomon mich in dieser Lage aufgefunden. Er benachrichtigte den Arzt Dr. Heller und wurde ich dann in das Haus hereingetragen. Der Arzt stellte die Brüche der Knochen fest und wurde ich am selben Tag zum Krankenhaus nach Richrath geschafft und lag ich dort 11 Monate. Nach einiger Zeit, als ich auf dem Sofa im Wohnzimmer lag, erschienen zwei mir unbekannte SA-Leute und waren diese mit Beilen bewaffnet. Sie schlugen die Türfüllung entzwei und suchten gleichzeitig den Salomon. Dieser war durch den Keller nach dem Garten geflüchtet und wurde er von den SA-Leuten verfolgt, jedoch haben dieselben diesen nicht gefunden. Das ganze Haus wurde nun demoliert, jedoch konnte ich die einzelnen Beschädigungen nicht feststellen, da ich gehunfähig auf dem Sofa lag. Morgens gegen 1/16 Uhr *(Anm.: gemeint wahrscheinlich ½ 6 Uhr)* hörte ich, daß von draußen gerufen wurde: Licht aus. Ich sagte nun, daß ich nicht gehen könne und aus diesem Grund das Licht nicht ausschalten könne. Daraufhin sagte der SA-Mann K., den ich an seiner Stimme erkannte: ‚Dann verreck.'

Bemerken möchte ich noch, daß bei der Zerstörung des Hauses und der Möbel zwei SA-Leute in mein Zimmer kamen, denen ich erklärte, daß ich krank sei. Einer davon sagte nun, dann schonen wir dieses Zimmer. Das ganze Haus wurde vollständig demoliert. Alle Türen, Möbel, Fenster und die Treppengeländer wurden gewaltsam zerstört bezw. umgeworfen. Ebenso wurde das Haus auch ausgeplündert, von mir wurden 2 goldene Ringe, 1 goldnes Armband mit Brillantsteinen, 1 silberne Theatertasche gestohlen. (...)"[16]

Nach den Novemberpogromen nahm die Entrechtung und Verfolgung der Juden durch das NS-Regime drastisch zu. Auch Edith und ihre Familie waren von den nun anlaufenden Schikanen und Maßnahmen betroffen. Auf Grund der „Verordnung vom 12. November 1938 über die Ausschaltung der Juden aus dem deutschen Wirtschaftsleben" wurde die Firma der Gebrüder Meyer mit Wirkung vom 31. Dezember 1938 von Amts wegen gelöscht. Damit verloren Ediths Vater und sein Stiefbruder ihre wirtschaftliche Existenzgrundlage.

Die „Polizeiverordnung über das Auftreten der Juden in der Öffentlichkeit vom 28. November 1938" ermöglichte es den Behörden, Juden das Betreten bestimmter Bezirke zu verbieten und ihnen aufzutragen, sich zu bestimmten Zeiten nicht in der Öffentlichkeit zu zeigen. Auf Grund dieser Regelungen wurden die Brüder Bernhard und Max Meyer mit ihren Familien am 18. September 1939 in ein „Judenhaus" zwangsumgesiedelt. Dieses „Judenhaus" befand sich in der Ganspohler Straße 13 und stand im Eigentum von Albert Salomon, jenem Onkel von Edith, über dessen Misshandlungen in der Reichspogromnacht Antonie Brüggemann in dem gegen die Tatbeteiligten nach dem Krieg durchgeführten Verfahren berichtet hat.

Die Konzentration in einem „Judenhaus" diente der besseren Überwachung und Kontrolle der Juden. Noch bestehende Kontakte zu „Deutschstämmigen" sollten durch diese Form der innerstädtischen Ghettoisierung unterbunden oder zumindest erschwert werden. „Die Ausscheidung der Juden aus deutschen

Wohnstätten" verfolgte auch das am 30. April 1939 erlassene „Gesetz über die Mietverhältnisse der Juden". „Deutschen Volksgenossen" stand nunmehr das Recht zu, das Zusammenleben mit Juden im gleichen Haus abzulehnen.

Ediths Vater unterhielt auch nach der zwangsweisen Einweisung in das „Judenhaus" noch Kontakte zu früheren Freunden. Wegen solcher Kontakte wurde er am 18. März 1942 für einundzwanzig Tage in „Schutzhaft" genommen. Er hatte einen katholischen Schulfreund besucht, den die Gestapo als „fanatischen Katholiken" bezeichnete, der wegen seines Verhaltens „Juden gegenüber" ein „Feind des Nationalsozialismus" sei. Die Gestapo drohte ihm „im Falle des weiteren Verkehrs mit Juden" schärfste staatspolizeiliche Maßnahmen an.

Die Zahl der Bewohner des „Judenhauses" änderte sich mehrmals. Als schließlich am 24. Juli 1942 die letzten sieben Bewohner dieses Hauses, darunter auch Ediths Eltern Max und Rosa Rebekka Meyer, deportiert wurden, war Langenfeld „judenfrei". Die in der Provinzial-Heil- und Pflegeanstalt untergebrachten Juden waren bereits am 12. Februar 1941 nach Düsseldorf-Grafenberg verbracht worden, wo alle jüdischen Kranken der nördlichen Rheinprovinz gesammelt wurden. Ihr weiteres Schicksal ist nicht genau bekannt. Vermutlich kamen sie in die nationalsozialistische Tötungsanstalt Hadamar, wo sie wie Tausende andere Menschen mit Behinderungen und psychischen Erkrankungen ermordet wurden.

Edith Meyer wurde am 11. Dezember 1941 nach Riga deportiert. Zusammen mit ihr wurden ihr Onkel Albert Salomon, der Eigentümer des „Judenhauses", ihr Stiefonkel Bernhard Meyer und seine gerade erst zehn Jahre alte Tochter Helga nach Riga deportiert. Bernhard Meyers Frau Emma kam gleichfalls dorthin, wurde aber später in das siebenunddreißig Kilometer östlich von Danzig gelegene Konzentrationslager Stutthof verlegt.

Auch Jakob Schmitz und ein weiterer Jude namens Albert Salomon aus Langenfeld kamen mit diesem Transport nach Riga. Sie alle wurden zunächst mit einem Viehtransporter von Langenfeld nach Düsseldorf transportiert. Von dort wurden sie nach Riga verbracht. Von ihnen überlebte niemand.

Rosa Rebekka und Max Meyer, Ediths Eltern, wurden im Juli 1942 nach Theresienstadt deportiert. Rosa Rebekka Meyer verhungerte dort, das Todesdatum wird mit 17. bzw. 18. April 1943 angegeben. Ihre Asche hat ihr Ehegatte Max in einem Fluss verstreut.

Max Meyer überlebte das Konzentrationslager Theresienstadt und kehrte im Juni 1945 nach Langenfeld zurück. Er starb dort am 22. März 1955.

Ediths Schwester Alice verbrachte ihr weiteres Leben in den USA, heiratete dort und starb im Jahre 1993. Sie hatte keine Kinder.

Ediths Bruder Ernst Siegfried arbeitete in den USA zunächst als Chemiker. Später wurde er Zahnarzt. 1953 heiratete er Florence Targovnik (geboren 1925), die Schwester des Reformrabbiners und Bestsellerautors Herbert Tarr, der Ernst Siegfried seinen 1970 unter dem Titel „Der Himmel sei uns gnädig" auf Deutsch erschienenen Roman „Heaven Help Us!" widmete. Der Ehe von Ernst Siegfried und Florence Meyer entstammten vier Kinder.

Ernst Siegfried Meyer starb im Februar 1994. Seine Witwe Florence Meyer hinterlegte am 19. März 1996 in der israelischen Gedenkstätte für die Opfer des

Holocaust Yad Vashem in Jerusalem ein Gedenkblatt für ihre Schwägerin Edith Meyer, die sie persönlich nie kennen gelernt hatte. Über Ediths wahres Schicksal wurde sie nach Erscheinen dieses Buches von Yad Vashem in Jerusalem informiert. „My children and I are still in shock learning about what happened to Edith after more than 70 years have elapsed", schrieb sie mir daraufhin in einer Mail am 5. März 2013, und: „A pity that my husband never knew how loved his younger sister was."

Das „Reichsjudenghetto" von Riga als Deportationsziel von Edith Meyer

Am 31. Juli 1941 wurde der Chef des Reichssicherheitshauptamtes Reinhard Heydrich von Hitler ermächtigt, „alle erforderlichen Vorbereitungen für eine Gesamtlösung der Judenfrage im deutschen Einflussbereich in Europa zu treffen." Diese sah die Deportation und Tötung der Juden in dem von Deutschland beherrschten Europa vor.

Große Teile der jüdischen Bevölkerung Europas wurden in den Jahren 1941 bis 1945 in Lager und Vernichtungsstätten im Osten transportiert.[17] Erste Transporte mit Juden aus den Städten „Großdeutschlands" gingen im Oktober und November 1941 nach Litzmannstadt/Lodz. Bald folgten Deportationen ins Baltikum, wo das „Reichskommissariat Ostland"[18] errichtet worden war, nach Minsk, Kowno (Kaunas) und Riga. Von den rund 32.000 ins Baltikum deportierten deutschen, österreichischen und tschechischen Juden sind 31.372 namentlich bekannt. Von diesen haben nur 1.147 das Kriegsende überlebt.[19]

Lettland war durch den Hitler-Stalin-Pakt vom 23. August 1939 in den Einflussbereich der Sowjetunion geraten. Gegen den Widerstand eines großen Teiles der Bevölkerung wurde es am 5. August 1940 als eigene Sowjetrepublik in den sowjetischen Staatenverband eingegliedert. Für viele Regimegegner hatte dies Verfolgung und Deportation in sowjetische Straflager zur Folge. Hiefür wurden von großen Teilen der Bevölkerung die lettischen Juden verantwortlich gemacht, da viele der 93.000 damals in Lettland lebenden Juden mit den Sowjets sympathisierten und zusammenarbeite-

Zaun des Ghettos von Riga mit Warnschild in deutscher und lettischer Sprache: „Auf Personen, die den Zaun überschreiten oder den Versuch machen, durch den Zaun mit den Insassen des Ghettos in Verhandlung zu treten, wird ohne Anruf geschossen." (Privatarchiv Scheffler; aus: Gertrude Schneider, Reise in den Tod, Deutsche Juden in Riga 1941–1944, Dülmen 2008, S. 92)

ten. Dass auch Teile der nichtjüdischen Bevölkerung mit den Sowjets zusammenarbeiteten und diese auch zahlreiche lettische Juden verfolgten, änderte an dieser Schuldzuweisung nichts.

Als die deutschen Truppen am 22. Juni 1941 in die Sowjetunion und das sowjetisch annektierte Baltikum einfielen, fanden sie daher in der lettischen Bevölkerung viele Sympathien vor. Lettischer Nationalismus und antisowjetische Ressentiments verbanden sich mit dem auf Vertreibung und Vernichtung der Juden ausgerichteten Antisemitismus der Nationalsozialisten und führten zu einer überaus aggressiven und hasserfüllten Stimmung gegen die lettischen Juden. Tausende lettischer Juden wurden schon in dieser ersten Phase der Verfolgung ermordet.[20]

Im Sommer 1941 beschloss die deutsche Verwaltung, in der „Moskauer Vorstadt", einem der heruntergekommensten Viertel von Riga, ein Ghetto zu errichten. Innert kürzester Zeit wurde die jüdische Bevölkerung der Stadt in das Ghetto umgesiedelt, ihre Wohnhäuser und Wohnungen wurden beschlagnahmt und der Wehrmacht und der deutschen Verwaltung zur Verfügung gestellt. Das Ghetto selbst wurde von der restlichen Stadt hermetisch abgeriegelt und mit einem Stacheldrahtzaun umgeben.

Im Oktober 1941 lebten so etwa 30.000 lettische Juden im Ghetto von Riga.

Als nun in Deutschland begonnen wurde, die Juden aus dem „Reich" in den Osten zu deportieren, sollte auch das für die lettischen Juden bestimmte Ghetto von Riga Juden aus dem „Reich" aufnehmen. Für die dort lebenden lettischen Juden hatte dies verheerende Folgen. Um Platz für die Aufnahme von Juden aus dem „Reich" zu schaffen, wurden zwischen 29. November und 9. Dezember 1941 im Wald von Rumbula 27.000 lettische Juden ermordet. Mit großer Brutalität wurden diese Menschen aus ihren Behausungen in langen Kolonnen auf schnee- und eisbedeckten Wegen in den Wald von Rumbula geführt. Wer zu flüchten versuchte oder in Verstecken aufgefunden wurde, wurde sofort erschossen. Kranke und Gebrechliche wurden in Bussen zur Exekution gebracht, die Bewohner des im Ghetto befindlichen Altersheimes an Ort und Stelle erschossen.

Um das eigentliche Exekutionsgelände im Wald von Rumbula bildeten Polizisten eine dichte Absperrkette. Die Ghettoinsassen wurden durch ein sich immer weiter verengendes Spalier von bewaffneten Polizisten zu ausgehobenen Gruben getrieben. An mehreren Stationen wurden sie gezwungen, ihre Koffer und Kleidungsstücke abzugeben. An einer letzten Station wurden ihnen Uhren, Ringe, Halsketten und sonstige noch vorhandene Schmuck- und Wertgegenstände abgenommen. Von dort hatten sie noch mehrere hundert Meter bis zu den Gruben zurückzulegen.

Gestützt auf Aussagen von Tätern und Zeugen in Gerichtsverfahren der Nachkriegszeit fassen die Historiker Andrej Angrick und Peter Klein den „technischen Ablauf" der dann folgenden Exekutionen wie folgt zusammen:

> „In die Grube geführt, legten sich die Menschen ‚wie die Heringe' aneinandergereiht auf den Boden. Bei der kleineren Grube feuerte der Schütze vom Rand aus, da er sich weiter unten nicht frei bewegen konnte. In einer der großen Gruben schritten ihre Mörder über die Menschen oder an ihnen vorbei und gaben gezielte Genickschüsse aus ihren Maschinenpistolen ab. Nachrückende Opfer hatten sich in die Lücken zwischen die Leichen oder auf die noch warmen Körper der kurz zuvor Ermordeten niederzulegen. Gebrechliche wurden ebenso wie Alte und Kinder von ihren Verwandten oder kräftigeren Juden gestützt. Viele Menschen waren apathisch, andere vollkommen entkräftet. Weitere nutzten den Rest der verbliebenen Zeit, die von ihnen geliebten Menschen noch einmal an sich zu drücken, für ein letztes Wort der Zuneigung, für eine Geste des Respekts. Wieder andere stimmten zwischen all dem Leid „laute Gesänge", Ausdruck des Glaubens oder des Trostes – wir wis-

sen es nicht – an. Wer sich hilfesuchend an einen der Uniformierten wandte, wurde unbarmherzig geschlagen und in die Kolonne zurückgestoßen."[21]

Der Holocaust begann im Baltikum mit Massenerschießungen. Nicht nur in Riga, auch in Litauen, wo zwischen 4. Juli und 25. November 1941 137.346 Menschen erschossen wurden. Karl Jäger, der Mörder der litauischen Juden, ein Musiker und Instrumentenbauer aus der südbadischen Kleinstadt Waldkirch, der die Tötungen pedantisch protokollierte, meldete nach diesen Massakern Ende 1941 seinen Vorgesetzten, Litauen sei „judenfrei".[22]

Der für die Erschießungen von Riga verantwortliche Höhere SS- und Polizeiführer Friedrich Jeckeln erstattete am 4. Dezember 1941 dem Reichsführer-SS Heinrich Himmler persönlich Bericht über die Exekutionen. Er sagte später aus, Himmler habe dazu erklärt, dass „das Erschießen eine zu komplizierte Operation" sei. Es sei besser, „die Menschen durch Anwendung von Gasautomaschinen zu liquidieren", bei deren Anwendung „alle Unbequemlichkeiten, die mit dem Erschießen zusammenhängen"[23], wegfallen würden. Himmler hatte schon im Herbst 1941 Tötungsversuche mit Autoabgasen veranlasst. In mobilen Vergasungswagen wurden in der Folge Tausende von Juden getötet, bevor noch die Gaskammern in den Vernichtungslagern in Betrieb gingen. Auch Juden aus dem Ghetto von Riga waren davon betroffen.

Noch während die Ermordung der lettischen Juden aus dem Ghetto von Riga im Wald von Rumbula im Gange war, erreichte am 30. November 1941 der erste Deportationszug aus Berlin mit 1.053 Menschen Riga.

Auch diese Menschen wurden nach ihrer Ankunft sofort in den Wald von Rumbula gebracht und erschossen. In der Vollzugsmeldung hieß es, die eingetroffenen Juden seien „ausnahmslos sonderbehandelt worden"[24].

Am 9. Dezember 1941 um 12 Uhr endeten die Massenerschießungen. Wer von den lettischen Juden bis zu diesem Zeitpunkt noch nicht getötet worden war, blieb bis auf weiteres verschont. Die verbliebenen lettischen Juden wurden in einem eigenen Teil des Ghettos, dem „kleinen Ghetto", zusammengefasst. Der durch die Massentötung der lettischen Juden frei gewordene andere Teil stand nun zur Aufnahme von Juden aus dem „Reich" zur Verfügung.

Als ab 10. Dezember 1941 die ersten Transporte für das „Reichsjudenghetto" von Riga eintrafen, fanden die Deportierten auf den Tischen teilweise noch die Speisen der kurz zuvor ermordeten lettischen Ghettobewohner vor. Nach einem Transport aus Köln trafen bis Ende Dezember 1941 im Abstand von jeweils nur wenigen Tagen Züge aus Kassel, Düsseldorf, Münster/Osnabrück/Bielefeld und Hannover mit jeweils etwa 1.000 Personen ein. Im Januar und Februar 1942 folgten weitere Transporte aus Theresienstadt, Wien, Berlin, Leipzig/Dresden und Dortmund. Die letzten für das „Reichsjudenghetto" bestimmten Transporte langten in den Monaten August bis Oktober 1942 in Riga ein. Insgesamt sind 20.265 Personen namentlich bekannt, die in der Zeit von Dezember 1941 bis Oktober 1942 in das Ghetto von Riga deportiert werden sollten. Wie viele dort tatsächlich angekommen sind, lässt sich nicht feststellen, denn viele starben bereits während des Transports oder wurden nach der Ankunft in Riga an andere Stätten verbracht. Die Zahl der im

Ghetto lebenden „Reichsjuden" änderte sich ständig. Häufig kam es zu Verlegungen, viele Ghettobewohner starben durch Krankheiten, Hunger und Entbehrungen. Immer wieder kam es auch zu Massentötungen und zu Hinrichtungen.

Die in das Ghetto von Riga deportierten „Reichsjuden" hatten in verschiedenen Betrieben Zwangsarbeit zu leisten. In langen Reihen wurden sie täglich in die außerhalb des Ghettos gelegenen Arbeitsstätten geführt. Viele kriegswirtschaftlich wichtige Betriebe konnten ihre Aufgaben nur durch die Ausbeutung dieser Menschen erfüllen. Produktionszwänge und Rüstungsinteressen drohten auf diese Weise die vom NS-Regime angestrebte „Endlösung" der Judenfrage zu unterlaufen. Deshalb ordnete Himmler im Juni 1943 gegen die Interessen der Kriegswirtschaft an, dass alle im Gebiet Ostland „noch in Ghettos vorhandenen Juden in Konzentrationslager zusammenzufassen" seien und verbot mit Wirkung vom 1. August 1943 „jedes Herausbringen von Juden aus den Konzentrationslagern zu Arbeiten." Diese Anordnung Himmlers führte am 2. November 1943 zur Auflösung des Ghettos von Riga. Ein Teil der zu diesem Zeitpunkt noch dort lebenden Juden wurde ermordet, der Rest in das nahe bei Riga geschaffene Konzentrationslager Kaiserwald oder andere Konzentrationslager überführt.

Die Deportation von Edith Meyer von Düsseldorf nach Riga

Der Zug mit der Nummer „Da 38", mit dem Edith Meyer nach Riga deportiert wurde, fuhr in Düsseldorf am 11. Dezember 1941 gegen 10.30 Uhr ab. Er langte am 13. Dezember 1941 um 22.35 Uhr in dem etwas außerhalb von Riga gelegenen Bahnhof Skirotawa ein. Dort blieb der Zug bei einer Außentemperatur von minus 12 Grad Celsius unbeheizt stehen. Erst am Morgen des 14. Dezember 1941 wurden die Insassen dann in das zwei Kilometer vom Bahnhof entfernte Ghetto geführt.

Der Düsseldorfer Transport umfasste 1.007 Personen. Er setzte sich aus Düsseldorfer Juden und Angehörigen von mehr als vierzig umliegenden jüdischen Gemeinden des Niederrheins und Bergischen Landes zusammen.[25]

Die Betroffenen hatten Ende November, teilweise auch erst Anfang Dezember 1941, also weniger als zehn Tage vor dem vorgesehenen Deportationstermin, eine schriftliche Mitteilung über den Zeitpunkt der Deportation und damit zusammenhängende Formalitäten erhalten.[26] Aus den kleineren Gemeinden wurden die Betroffenen am frühen Morgen des 10. Dezember von einem Beamten der Gestapo oder einem Ortspolizisten abgeholt und mit Lastwagen, in Einzelfällen auch mit Pferdefuhrwerken zum Bahnhof oder zum Sammelpunkt der nächstgelegenen Stadt gebracht.

Von den Sammelzentren aus wurden die Gruppen in fahrplanmäßigen Personenzügen nach Düsseldorf gebracht. Vom Düsseldorfer Hauptbahnhof mussten alle Personen, auch ältere Menschen und Kinder, die rund fünf Kilometer lange Strecke zum Schlachthof, wo sie die Nacht bis zur Verladung in den Deportationszug verbringen mussten, in einer streng bewachten Kolonne durch eigens zu diesem Zweck abgesperrte Straßen zu Fuß zurücklegen.

Zusammen mit Edith Meyer wurden aus Langenfeld nach Riga deportiert: ihr Onkel Albert Salomon, der Halbbruder von Ediths Vater, Bernhard Meyer, dessen Ehefrau Emma sowie deren zehn Jahre alte Tochter Helga, Jakob Schmitz und ein weiterer Jude namens Albert Salomon. Sie alle wurden auf einem Viehtransporter von Langenfeld nach Düsseldorf transportiert.[27] Auch sie mussten die Nacht im Schlachthof verbringen.

„Die von den Juden im Schlachthof vorgefundenen Bedingungen entsprachen der ursprünglichen Funktion des Gebäudes: eine kahle, feuchte und dreckige Halle, in der ein unerträglicher Gestank geherrscht haben muß."[28] In dieser Umgebung mussten die über tausend Menschen die Nacht vor ihrer Abfahrt aus Düsseldorf in eisiger Kälte und in Ermangelung jeglicher Sitzgelegenheit stehend verbringen.

Nach einer rund zwölfstündigen Wartezeit im Schlachthof wurden diese Menschen am 11. Dezember 1941 gegen 4.00 Uhr früh zum Güterbahnhof Derendorf geführt, wo sie wegen personeller Probleme der Reichsbahn bis zur Einfahrt des Zuges weitere vier Stunden an der Verladerampe warten mussten, um dann unter Gewaltandrohung und größter Hast in die Abteile gedrängt zu werden.

Hilde Sherman, geborene Zander, eine Überlebende dieses Transports aus Wanlo bei Mönchengladbach, schildert in ihrem 1984 erschienen Zeitzeugenbericht[29] die Stunden vor der Abfahrt des Zuges nach Riga so:

„Es war der 10. Dezember 1941. Nachmittags kam der Zug in Düsseldorf an. Die Türen wurden aufgemacht, von außen, und die Polizei sagte uns, wir sollten die Koffer stehen lassen, sie würden mit Lastautos nachgebracht. Wir wurden zu Fuß in den Schlachthof geführt. In einer endlosen Kolonne zogen wir in der Dämmerung in der Mitte der Straße dahin. Keine Menschenseele war zu sehen. Aber die Gardinen der Fenster bewegten sich, so daß wir wußten, daß die Bevölkerung sah, was geschah. Dann konnten die älteren Leute ihr Gepäck nicht mehr schleppen. Sie warfen Rucksäcke und Handtaschen einfach von sich. Wenn man zurücksah, war der Weg gesäumt von Habseligkeiten. Die jungen Leute luden sich auf, was sie konnten, aber alles zu tragen war unmöglich, zumal man den Alten bald helfen mußte; sie torkelten und konnten sich kaum auf den Füßen halten. (...)

Dann standen wir die ganze Nacht im Schlachthof herum. Der Boden war naß, es war kalt, und die Feuchtigkeit kroch die Glieder hoch. Die Frostbeulen an meinen Füßen begannen zu schmerzen, aber ich wagte nicht, meine Stiefel auszuziehen, denn immer wieder mußten wir antreten und wurden nach dem Alphabet aufgerufen. In den Steintrögen des Schlachthofs lagen Babies und Kleinkinder und weinten die ganze Nacht, wahrscheinlich vor Kälte.

Gegen vier Uhr morgens wurden wir hinausgeführt. Es war sehr kalt und wir drängten uns aneinander, um uns gegenseitig zu wärmen. Dann nahmen uns die Gestapoleute die Taschenlampen ab. Plötzlich schlugen sie einem jungen

Mann mit einem Gummiknüppel über den Kopf. Er sackte zusammen und blieb auf der Rampe liegen. Dort lag er drei Stunden später immer noch, der erste Tote unseres Transports."

Emotionslos schildert der für den Transport verantwortliche Hauptmann der Schutzpolizei, Paul Salitter, in einem für das „Reichssicherheitshauptamt – Referat IV B 4 – z. Hd. von SS-Stubaf. Eichmann" bestimmten Bericht vom 26. Dezember 1941 „über die Evakuierung von Juden nach Riga" den Ablauf der Deportation und die Schwierigkeiten des Transports aus der Sicht des begleitenden Polizeikorps. Die Leiden der Deportierten werden darin nicht erwähnt. Aus seinen statistischen Aufzeichnungen geht hervor, dass sich der Transport aus 416 männlichen und 591 weiblichen Personen, darunter 41 Kindern im Alter unter sechs Jahren, zusammensetzte. Sein Bericht zählt zu den wichtigsten Informationsquellen über den Verlauf dieser Deportation und soll hier auszugsweise wiedergegeben werden [30]:

> „Der für den 11.12.1941 vorgesehene Judentransport umfasste 1007 Juden aus den Städten Duisburg, Krefeld, mehreren kleineren Städten und Landgemeinden des rhein.westf. Industriegebietes. Düsseldorf war nur mit 19 Juden vertreten. Der Transport setzte sich aus Juden beiderlei Geschlechts und verschiedenen Alters, vom Säugling bis zum Alter von 65 Jahren, zusammen.
>
> Die Ablassung des Transportes war für 9,30 Uhr vorgesehen, weshalb die Juden bereits ab 4 Uhr an der Verladerampe zur Verladung bereit-

gestellt waren. Die Reichsbahn konnte jedoch den Sonderzug angeblich wegen Personalmangels, nicht so früh zusammenstellen, so dass mit der Einladung der Juden erst gegen 9 Uhr begonnen werden konnte. Das Einladen wurde, da die Reichsbahn auf eine möglichst fahrplanmäßige Ablassung der Züge drängte, mit der grössten Hast vorgenommen. Es war daher nicht verwunderlich, dass einzelne Wagen überladen waren (60–65 Personen), während andere nur mit 35–40 Personen besetzt waren. Dieser Umstand hat sich während des ganzen Transportes bis Riga nachteilig ausgewirkt, da einzelne Juden immer wieder versuchten, in weniger stark besetzte Wagen zu gelangen. Soweit Zeit zur Verfügung stand, habe ich dann auch in einigen Fällen, weil auch Mütter von ihren Kindern getrennt worden waren, Umbelegungen vorgenommen.

Auf dem Wege vom Schlachthof zur Verladerampe hatte ein männlicher Jude versucht, Selbstmord durch Überfahren mittels der Straßenbahn zu verüben. Er wurde jedoch von der Auffangvorrichtung der Straßenbahn erfasst und nur leichter verletzt. Er stellte sich anfänglich sterbend, wurde aber während der Fahrt sehr bald munter, als er merkte, dass er dem Schicksal der Evakuierung nicht entgehen konnte. Ebenfalls hatte sich eine ältere Jüdin unbemerkt von der Verladerampe, es regnete und war sehr dunkel, entfernt, sich in ein nahe liegendes Haus geflüchtet, entkleidet und auf ein Klosett gesetzt. Eine Putzfrau hatte sie jedoch bemerkt, so dass auch sie dem Transport wieder zugeführt werden konnte.

Die Verladung der Juden war um 10,15 Uhr beendet. Nach mehrmaligem Rangieren verließ der Zug dann gegen 10,30 Uhr den Güterbahnhof Düsseldorf-Derendorf in Richtung Wuppertal, also schon mit einer Verspätung von einer Stunde. Nach dem letzten Rangieren in Düsseldorf stellte ich fest, dass der Wagen des Begleitkommandos (2. Klasse) anstatt in die Mitte des Zuges am Ende der Personenwagen, also als 21. Wagen einrangiert worden war. Hinter unserem Wagen befanden sich dann die 7 mit Gepäck beladenen Güterwagen. Die falsche Einrangierung des Begleitwagens hatte folgende Nachteile:

a) Der Dampfdruck erreichte infolge fehlerhafter Heizungsanlagen die hinteren Wagen nicht. Infolge der Kälte konnte die Kleidung der Posten nicht trocknen (fast während des ganzen Transportes regnete es), so dass ich mit Ausfällen durch Erkrankung zu rechnen hatte.

b) Dem Transportführer ging die Übersicht über den Zug verloren. Wenn auch die mitgeführten Scheinwerfer gute Dienste leisteten, so hatten die Posten bei jedem Halten einen zu weiten Weg zur Aufsicht über die ersten Wagen zurückzulegen und oft Mühe, bei plötzlicher Anfahrt des Zuges noch den Wagen des Begleitkommandos zu erreichen. Außerdem versuchten die Juden wieder, sofort nach dem Halten in Bahnhofshallen mit dem reisenden Publikum in Verbindung zu treten, Post abzugeben oder sich Wasser holen zu lassen. Ich musste mich daher entschließen, 2 Posten in einem Abteil des vorderen Personenwagens unterzubringen. Meine diesbezüglichen Einwendungen beim Abgangsbahnhof Düsseldorf blieben unberücksichtigt, und der Zug wurde mit dem Bemerken abgelassen, dass infolge Verspätung in Düsseldorf eine Umrangierung des Begleitwagens nicht mehr erfolgen könne. Die Umrangierung könne auch unterwegs erfolgen.

Die Fahrt verlief dann planmäßig und berührte folgende Städte: Wuppertal, Hagen, Schwerte, Hamm. Gegen 18 Uhr wurde Hannover-Linden erreicht. Hier hatte der Zug einen Aufenthalt von fast einer Stunde: Ich ließ einem Teil der Juden etwas Wasser verabfolgen und erbat gleichzeitig die Umrangierung des Zuges. Eine Zusage wurde mir gegeben, doch war in letzter Minute keine Rangierlok vorhanden. Der Bahnhof in Stendal sollte jedoch entsprechende Nachricht erhalten, damit meinem Wunsche entsprochen werden konnte. Die Fahrt führte dann bis zur Station Mieterhorst. Hier wurde um 21 Uhr ein Achsenbrand am Wagen 12 festgestellt. Der Wagen musste ausrangiert und die Juden dieses Wagens, weil die Station keinen Ersatzwagen stellen konnte, auf andere Wagen verteilt werden. Diese Aktion schien den schlafenden Juden durchaus nicht zu passen und gestaltete sich wegen des unaufhörlichen Regens und Dunkelheit sowie mit Rücksicht darauf, dass der Zug außerhalb des Bahnhofs ohne Bahnsteig stand, anfänglich etwas schwierig, wurde aber mit entsprechendem Nachdruck dennoch sehr schnell durchgeführt. Bei der Umladung haben sich die mitgeführten Scheinwerfer sehr gut bewährt. Der Bahnhof Stendal wurde um 23 Uhr erreicht. Hier war Lok-Wechsel, auch wurde ein leerer 3. Klasse-Wagen an die Spitze des Zuges gesetzt. Aus Zweckmäßigkeitsgründen habe ich jedoch die Belegung des Wagens erst bei Tageslicht vornehmen lassen. Die Umrangierung des Begleitwagens war hier nicht möglich, da der Zug auf dem Hauptgeleise stand und sofort abgelassen werden musste. Bahnhof Wustermark sollte jedoch Nachricht erhalten, damit Umrangierung dort erfolgen konnte.

Am 12.12. um 1,15 Uhr wurde Wustermark erreicht. Dieser Bahnhof wollte jedoch von Stendal keine Nachricht von der Umrangierung erhalten haben. So wurde ich von Bahnhof zu Bahnhof vertröstet, ohne dass meinem inzwischen als sehr dringend geschilderten Ersuchen entsprochen wurde. Um 3,30 Uhr hatte der Zug auf der Station Berlin-Lichterfelde einen Aufenthalt von ½ Stunde. Hier lehnte die obere Zugleitung eine Umrangierung ohne Angabe von Gründen mit dem Bemerken ab, dass diese erfolgen werde, sobald es sich auf einem der nächsten Bahnhöfe ermöglichen lässt. Der Zug hatte bereits 155 Minuten Verspätung. Die Fahrt wurde dann über Küstrin, Kreuz, Schneidemühl, Firchau fortgesetzt.

Um 10 Uhr habe ich vom Bahnhof Firchau den Bahnhof Konitz verständigen lassen, dass der Zug dort etwa 1 Stunde Aufenthalt auf einem Nebengleis nehmen muss, um

a) den leeren Wagen mit Juden zu beladen,
b) die Versorgung der Juden mit Wasser vorzunehmen,
c) die Umrangierung des Begleitwagens zu veranlassen,
d) eine Erfrischung vom Roten Kreuz für die Begleitmannschaft in Empfang zu nehmen.

Der Aufenthalt wurde mir gewährt. Kurz vor Konitz riß der Wagen wegen seiner Überlastung auseinander. Auch zerriß das Heizungsrohr. Der Zug konnte jedoch behelfsmäßig repariert seine Fahrt bis Konitz fortsetzen. Um 11,10 Uhr wurde Konitz erreicht. Ich konnte mein Vorhaben bis auf die Einrangierung des eigenen Wagens durchführen. Anfänglich wurde mir diese zugesagt, dann erklärte mir der Stationsvorsteher, dass die Einrangierung des Wagens in die Mitte wegen Fehlens einer Rangierlok und der erforderlichen Gleise nicht durchführbar sei, er aber den Wagen nach vorn rangieren lassen werde. Hiermit war ich unter den obwaltenden Umständen einverstanden. Nach etwa 5 Minuten erschien er aber wieder und erklärte mir, dass er den Zug sofort wieder abfahren lassen müsse und ein Rangieren jetzt, es waren inzwischen 50 Minuten vergangen, nicht mehr möglich sei. Das Verhalten des Stationsvorstehers schien mir unverständlich, weshalb ich ihn in energischer Weise zur Rede stellte und mich beschwerdeführend an die zuständige Aufsichtsstelle wenden wollte. Er erklärte mir darauf, dass diese Stelle für mich nicht zu erreichen sei, er seine Anweisungen habe und den Zug sofort abfahren lassen müsse, weil 2 Gegenzüge zu erwarten seien. Er stellte sogar das Ansinnen an mich, einen Wagen in der Mitte des Zuges von Juden zu räumen, ihn mit meinem Kdo. zu belegen und die Juden im Begleitwagen 2. Klasse unterzubringen. Es erscheint angebracht, diesem Bahnbediensteten von maßgebender Stelle einmal klar zu machen, dass er Angehörige der deutschen Polizei anders zu behandeln hat als Juden. Ich hatte den Eindruck, als ob es sich bei ihm um einen von denjenigen Volksgenossen handelt, die immer noch von den ‚armen Juden' zu sprechen pflegen und denen der Begriff ‚Jude' völlig fremd ist. Dieser Bahnbeamte brachte es sogar fertig, den Zug, den ich für 2 Minuten verlassen musste, um mir auf der Station des Roten Kreuzes einen Fremdkörper aus dem Auge entfernen zu lassen, führerlos abfahren zu lassen. Nur dem Eingreifen eines meiner Posten war es zu verdanken, dass der Lok.-Führer nach dem Anfahren noch einmal hielt und ich den Zug so noch mit Mühe erreichen konnte. Seine Behauptung, dass Gegenzüge zu erwarten seien, stellte sich als eine fadenscheinige Begründung seines Verhaltens heraus, denn es ist dem Transport auf der anschließenden Fahrt weder ein Gegenzug begegnet, noch sind wir von einem Zug auf einer anderen Haltestation überholt worden.

Die den Transport seit Firchau begleitenden Bahnbeamten (1 Zugführer und 1 Schaffner) konnten das Verhalten des Bahnhofsbeamten in Konitz nicht begreifen. Ihrer Meinung nach als Fachleute wäre die Umrangierung bei einem Aufenthalt von 1 Stunde auf einem Nebengleis ohne weiteres möglich gewesen, wenn nur der gute Wille da gewesen wäre. Sie hatten sich ihm beide zur Hilfeleistung beim Rangieren zur Verfügung gestellt und den Begleitwagen abgekoppelt. Um 12,10 verließ der Zug den Bahnhof Konitz. Die Fahrt führte dann weiter über Dirschau, Marienburg, Elbing nach Königsberg (Pr.). Hier wurde der Zug von 20,12 bis 22 Uhr hin- und herrangiert, ohne dass der Begleitwagen umrangiert wurde. Auf diesem Bahnhof erreichte mich die Meldung, dass im Wagen 17 ein Kind im Sterben sei: Nach näherer Feststellung durch die begleitende jüdische Ärztin hatte es ein 14-jähriges Mädchen mit Herzbeschwerden gelegentlich der Periode zu tun. Um 22,10 Uhr (13.12.) wurde die Fahrt fortgesetzt. Kurz vor Insterburg riß der Zug abermals auseinander. Beide Teile des Zuges mussten zur Station Insterburg geschleppt werden, wo der beschädigte Wagen 15 ausgewechselt und die Juden in den neu bereitgestellten Wagen umgeladen wurden. Um 1,50 Uhr ging es weiter nach Tilsit. Auf dieser Station nahe der ostp.litauischen Grenze wurde auf meine erneute Bitte in Insterburg hin der Wagen des Begleitskdos. nach vorn rangiert und erhielt endlich Heizung. Die Wärme wurde von der Begleitmannschaft sehr wohltuend empfunden, da die Uniformen der Posten infolge des auf der ganzen Fahrt fast ununterbrochen anhaltenden Regens völlig durchnässt und nunmehr getrocknet werden konnten. Um 5,15 Uhr wurde die Grenzstation Langesargen und nach 15 Minuten die litauische Stadt Tauroggen erreicht. Von hier aus sollte die Fahrt nach Riga normal nur noch 14 Stunden betragen. Infolge des eingleisigen Bahngeländes und der Zweitrangigkeit des Zuges in der Abfertigung gab es auf den Bahnhöfen oft lange Verzögerungen bei der Weiterfahrt. Auf dem Bahnhof Schaulen (1,12 Uhr) wurde die Begleitmannschaft von Schwestern des Roten Kreuzes ausreichend und gut verpflegt. Es wurde Graupensuppe mit Rindfleisch verabfolgt. In Schaulen wurde in allen Judenwagen durch litauisches Eisenbahnpersonal die Lichtzufuhr abgestellt. Auf dem Bahnhof hatte ich Gelegenheit, die Juden letztmalig aus einem in der Nähe liegenden Brunnen Wasser fassen zu lassen. Das Wasser auf litauischen und lettischen Bahnhöfen ist durchweg nicht ungekocht genießbar, nur schwierig erreichbar, da Brunnen nicht immer in der Nähe des Bahnkörpers liegen und Zapfstellen nach deutschem Muster nicht vorhanden sind.

Um 19,30 Uhr wurde Mitau (Lettland) erreicht. Hier machte sich schon eine erheblich kühlere Temperatur bemerkbar. Es setzte Schneetreiben mit anschließendem Frost ein. Die Ankunft in Riga erfolgte um 21,50 Uhr, wo der Zug auf dem Bahnhof 1½ Stunden festgehalten wurde. Hier stellte ich fest, dass die Juden nicht für das Rigaer Ghetto bestimmt waren, sondern im Ghetto Skirotawa 8 km nordostwärts von Riga untergebracht werden sollten. Am 13. 12. um 22,35 Uhr, erreichte der Zug nach vielem Hin- und Herrangieren die Militärrampe auf dem Bahnhof Skirotawa. Der Zug blieb unbeheizt stehen. Die Außentemperatur betrug bereits 12° unter Null. Da ein Übernahmekdo. der Stapo nicht zur Stelle war, wurde die Bewachung des Zuges vorläufig von meinen Männern weitergeführt. Die Übergabe des Zuges erfolgte alsdann um 1,45 Uhr, gleichzeitig wurde die Bewachung von 6 lettischen Polizeimännern übernommen. Da es bereits nach Mitternacht war, Dunkelheit herrschte und die Verladerampe stark vereist war, sollte die Ausladung und Überführung der Juden in das noch 2 km entfernt liegende Sammelghetto erst am Sonntag früh beim Hellwerden erfolgen. Mein Begleitkdo. wurde durch 2 vom Kdo. d. Sch. bereitgestellte Polizeistreifenwagen nach Riga gebracht und bezog dort gegen 3 Uhr Nachtquartier. Ich selbst erhielt Unterkunft im Gästehaus des Höh. SS- und Pol-Führers, Petersburger Hof, am Schloßplatz 4."

Vom Bahnhof Skirotawa wurden die Juden des Düsseldorfer Transportes schließlich in das „Reichsjudenghetto" von Riga gebracht. Hilde Sherman schildert ihre Ankunft im Ghetto so:

> „Endlich tauchten von weitem niedrige, verkommene Holzhäuser auf, dazwischen stand ab und zu ein Steinhaus. Wir waren in der Altstadt von Riga, in der sogenannten Moskauer Vorstadt. Alle waren sehr erschöpft, der Schnee begann, in der Sonne zu tauen, es herrschte fürchterliches Glatteis, wie wir es noch nie erlebt hatten. Nach einer Weile bog die Kolonne scharf nach rechts ab, es ging über einen winzigen Hügel nach links auf eine menschenleere Straße, dann

Faksimile aus dem Salitter Bericht: Schreiben an das Reichssicherheitshauptamt-Referat IV B 4 – z. Hd. von Adolf Eichmann, auf S. 48 handschriftliche statistische Aufzeichnungen über die Geschlechts-, Alters- und Berufsgliederung des Düsseldorfer Deportationszuges nach Riga. (Quelle: IfZ München, Eichmann-Beweisdokumente, Signatur Eich 139; hier wiedergegeben nach Gertrude Schneider, Reise in den Tod, Deutsche Juden in Riga 1941–1944, Dülmen 2008, S. 70–72)

wurden die Tore hinter uns geschlossen, und wir waren am Ziel: im Ghetto von Riga, Lettland.

Die Wachmannschaft der SS formierte uns in Reih und Glied. Schließlich fuhren K. und Gymnich *(Anm.: Ghettokommandant und Adjutant)* vor. Zwei große Brettertische wurden vor uns

Geschlechtsgliederung:

Männer: 416
Frauen: 591
_____
1007

Altersgliederung:

1 – 6 Jahre : 41
6 – 14 " : 62
14 – 18 " : 62
18 – 50 " : 408
über 50 " : 434
_____
1007

Berufsgliederung:

Akademiker: 3
selbst. Kaufleute: 30
Angestellte: 22
Handwerker: 137
Arbeiter: 247
Landw. Berufe: 7
Hausangestellte: 40
ohne Beruf: 521
_____
1007

Geschlechtsgliederung:

Männer: 416

Frauen: 591

Altersgliederung:

1 – 6 Jahre: 41
6 – 14 Jahre: 62
14 – 18 Jahre: 62
18 – 50 Jahre: (tally marks)
Über 50 Jahre: 464

Berufsgliederung:

selbständiger Kaufmann: 30
Angestellter: 22
Handwerker: 137
Arbeiter: 247
Hausangestellte: 40

aufgestellt und K. bellte: ‚Alle Schmuckgegenstände abgeben, Uhren und Eheringe ebenfalls. Pelze auch!'

Es entstand ein gewaltiges Durcheinander, in dem es mir gelang, meine Armbanduhr höher hinauf zu schieben. Unsere Eheringe waren aus Stahl, wir hatten keine goldenen mehr kaufen dürfen. Dann wurden wir wieder geordnet und bekamen zu hören: ‚Folgendes ist bei Todesstrafe verboten:

Juden dürfen keine Wertgegenstände besitzen.

Juden dürfen das Ghetto nicht verlassen.

Juden dürfen durch den Stacheldraht keinen Kontakt mit der Zivilbevölkerung aufnehmen.

Juden dürfen keinen Tauschhandel treiben.

Juden dürfen keine Kinder gebären.

Juden dürfen keine Post empfangen oder absenden.'

Juden dürfen nicht ... Dürfen nicht ... Und dürfen nicht. Todesstrafe ... Todesstrafe ... Todesstrafe ...

SS-Leute sammelten unsere abgegebenen Sachen ein, packten sie auf Lastwagen, die improvisierten Tische wurden aufgeladen, und dann fuhr der Trupp um K. und Gymnich ab.

Und wir standen da mit dem, was wir auf dem Leibe trugen. Niemals sahen wir unsere Koffer, Bettrollen, Medikamente, Lebensmittelvorräte wieder. So standen wir lange beim Ghettotor, immer auf demselben Fleck. Es fing an, sehr kalt zu werden. Plötzlich tauchten aus den gegenüberliegenden Häusern Menschen auf, mit Tassen und einer kochendheißen Brühe, die

Kaffee darstellen sollte. Sie gingen an unseren Reihen auf und ab, jeder bekam einen Becher voll heißer Flüssigkeit. Welch ein Genuß, dieses erste heiße Getränk nach fünf Tagen!

Die Leute waren deportierte Juden aus Köln und Kassel, angekommen am 10. und 12. Dezember, also nur wenige Tage vor uns. Wir fingen an, sie fieberhaft auszufragen, doch alle waren so merkwürdig still und zurückhaltend. ‚Ihr werdet schon sehen, was los ist', war so ziemlich das einzige, was wir von ihnen hörten. Plötzlich war die SS wieder da. Sie trieb uns in die nächste Querstraße, dann wurden ein paar Häuser abgezählt und es hieß: ‚Alles runter von der Straße, rein in die Häuser!'

Wir waren sprachlos, daß wir alle darin unterkommen sollten."

Für die Juden des Düsseldorfer Transportes standen mehrere Häuser in der „Berliner" und „Bielefelder Straße" zur Verfügung. In eines dieser Häuser zog auch Edith Meyer ein.[31]

Im Ghetto von Riga

„Erst am nächsten Morgen nahmen wir richtig wahr, wo wir uns befanden: Der Vorraum bestand aus einer kleinen Küche mit einem aus Ziegelsteinen gemauerten Herd. In der Mitte des Herdes, unten, lagen Holzscheite zum Trocknen. Im Nebenraum, einem mittelgroßen Zimmer, waren in einer Ecke mehrere Matratzen gestapelt, daneben stand ein Kleiderschrank und in der Mitte ein gedeckter Tisch. Er trug Teller, Bestecke, Tassen und – was uns am meisten erstaunte – Schüsseln mit angerichteten Speisen, die allerdings steinhart gefroren waren.

Wir waren siebzehn Menschen in diesem Zimmer, einer davon ein alter blinder Mann und ein kleines Mädchen von ungefähr vier Jahren.

Keiner von uns ahnte, was hier vorgegangen war. Aber eines war sicher: Die Menschen, die vor uns hier gelebt hatten, waren während des Essens aufgebrochen oder hinausgetrieben worden; sie waren geflüchtet oder in Panik davongelaufen."[32]

In eine solche Behausung, wie sie hier von Hilde Sherman geschildert wird, kam auch Edith Meyer. Werner Rübsteck, einer der wenigen Überlebenden des Düsseldorfer Transportes, der als Dreizehnjähriger in das Ghetto von Riga kam und mit Edith Meyer im gleichen Haus[33] untergebracht wurde, erinnerte sich 1996, dass lettische Juden die neu in das Ghetto gekommenen Juden mit folgenden Worten über die vorangegangene Ermordung der lettischen Juden informierten: „Unsere Familien hat man vernichtet, um für euch

Dieses Chaos, entstanden bei der Räumung und Ermordung der lettischen Ghettobewohner sowie den anschließenden Plünderungen, fanden die deutschen Juden bei ihrer Ankunft im Dezember 1941 vor. (Privatarchiv Gisela Möllenhoff; aus: Gertrude Schneider, Reise in den Tod. Deutsche Juden in Riga 1941–1944, Dülmen 2008, S. 48)

Platz zu machen."[34] Edith Meyer dürfte daher wie alle Neuankömmlinge gleich nach ihrer Ankunft erfahren haben, in welche Wirklichkeit sie und ihre Schicksalsgenossen gekommen waren. Auch die Bevölkerung von Riga war darüber informiert. Die Erschießungen von Rumbula waren in der lettischen Hauptstadt Tagesgespräch und allgemein bekannt.[35] Über diese Massentötungen hatten auch der britische und sowjetische Rundfunk bereits wenige Tage nach dem schrecklichen Geschehen berichtet.

Aus dem Bericht von Paul Salitter geht hervor, dass in der lettischen Bevölkerung kein Zweifel darüber bestand, was den deportierten Juden bevorstand. Über die Haltung der Letten den Juden gegenüber schreibt er Folgendes:

Arbeitskolonne von Juden und Passanten im Zentrum von Riga
(Privatarchiv Scheffler; aus: Gertrude Schneider, Reise in den
Tod, Deutsche Juden in Riga 1941-1944, Dülmen 2008, S. 42)

„Ihr Hass gilt insbesondere den Juden. Sie haben sich daher vom Zeitpunkt der Befreiung bis jetzt auch sehr ausgiebig an der Ausrottung dieser Parasiten beteiligt. Es erscheint ihnen aber, was ich insbesondere beim lettischen Eisenbahnpersonal feststellen konnte, unverständlich, weshalb Deutschland die Juden nach Lettland bringt und sie nicht im eigenen Lande ausrottete." [36]

In diese Welt also kam Edith Meyer am 14. Dezember 1941.

Über die Lebensumstände von Edith Meyer im Ghetto ist nichts Genaues bekannt. Mit Sicherheit kann nur gesagt werden, dass sie die Not und die Entbehrungen des Ghettolebens und die zahlreichen Willkür- und

Schreckensakte der SS miterlebt haben wird. Erhängungen und Erschießungen standen wegen geringfügigster Anlässe auf der Tagesordnung. Es gab kaum etwas zu essen, die Häuser waren verwanzt, wer krank wurde, musste mit der Tötung rechnen. Überlebende berichteten von einer außergewöhnlichen Kälte. Ein vom Berliner Historiker Wolfgang Scheffler eingeholtes Gutachten des Deutschen Wetterdienstes ergab, dass die Temperaturen in Riga im Dezember 1941 teilweise zwischen minus 15 und minus 20 Grad Celsius lagen. Im Januar sanken die Tagestemperaturen auf bis zu minus 20 Grad Celsius und die Nachttemperaturen auf bis zu minus 32 Grad Celsius.[37]

Es ist anzunehmen, dass Edith Meyer wie alle Ghettobewohner Zwangsarbeit verrichten musste. Möglicherweise musste sie als ausgebildete Schneiderin im Heeresbekleidungslager arbeiten, wo die blutdurchtränkten Uniformteile und Kampfanzüge von Wehrmachtssoldaten von der Ostfront zur Desinfektion, Reinigung und Ausbesserung waggonweise ankamen. Vielleicht musste sie in Heereswerkstätten Instandsetzungs- oder sonstige Arbeiten durchführen. Zahlreiche kriegswichtige Betriebe konnten jedenfalls ihre Aufgaben nur durch die Ausbeutung jüdischer Zwangsarbeiter aus dem Ghetto plangerecht erfüllen. Vielleicht musste sie auch Lazarettzüge von der Ostfront sauber machen, Kohle am Rigaer Güterbahnhof verladen oder Weichen und Geleise von Schnee und Eis befreien. Von solchen Arbeiten der Ghettobewohner liegen jedenfalls Berichte und Zeugnisse vor. Was auch immer ihr Arbeitsbereich war, Voraussetzung für ihr Überleben im Ghetto war, dass sie überhaupt arbeiten konnte. Wer nicht arbeitsfähig war, musste mit Selektionierung und Tötung rechnen, wie die im Februar und März 1942 durchgeführte „Aktion Dünamünde" zeigte. Alte, Gebrechliche, Arbeitsunfähige und zur Arbeit nicht verwendbare Kinder wurden in Lastwagen abtransportiert und erschossen oder in Gaswagen vergast. Nach Schätzungen von Historikern wurden bei dieser Aktion etwa 4.800 Menschen getötet[38]. Werner Rübsteck sagte darüber in seinem Zeitzeugeninterview von 1996:

> „Im Januar dann kam die Parole: Dünaburg (*Anm.: Dünamünde*). Dünaburg ist an der Ostsee. Dort war eine große Konservenfabrik, und man sagte: ‚Dort arbeitet ihr in der Konservenfabrik, dort sollt ihr Netze flechten.' Das sagte man zu den älteren Leuten, und da waren die berühmten Gasautos. Ich sehe noch heute die Leute, Leute, die in die Autos steigen. Die Leute waren dermaßen zermürbt vom Hunger, von der Erniedrigung, von allem, es hat sie gar nicht mehr interessiert, was sie machen."

Manchmal gab es jedoch auch für Ghettobewohner unerwartet Hilfe und Zuwendung. Werner Rübstecks Mutter, die am Bahnhof von Skirotava Lazarettzüge von der Ostfront sauber machen musste, begegnete dort einem Eisenbahnbediensteten aus ihrem Heimatdorf, den sie von Jugend her kannte. Dieser Mann legte ihr täglich an einer bestimmten Stelle Lebensmittel hin, die sie in das Ghetto hineinschmuggelte. Viele hatten kein solches Glück und starben im Ghetto an Hunger und Entkräftung.

Trotz aller erdenklichen Qualen, Todesangst, Kälte, Hunger, Trauer und Ungewissheit über den Verbleib verschwundener Angehöriger gab es im Ghetto auch Liebe und Zärtlichkeit und ein kulturelles Leben, das den Bewohnern half, ihren Überlebenswillen zu stärken. Gertrude Schneider schreibt im Rückblick auf diese Zeit: „Jedes Lied, das wir sangen, jedes Gedicht, das wir rezitierten, jede politische Diskussion, jede geistige Auseinandersetzung, jede fürsorgliche Geste älteren Menschen gegenüber widerlegte unserer Feinde Behauptungen über uns ‚Untermenschen'."[39]

Die Flucht von Riga nach Feldkirch

„Solingen-Ohligs, 11. 5. 1942
Die Ehefrau Willi Berntgen, Paula geb. Hüschelrath, hier Rheinstrasse 16 wohnhaft, teilte soeben vertraulich mit, dass am 30. 4. ds. Jrs. in ihrer Wohnung die ihr bekannte Jüdin Edith Meyer, früher in Langenfeld wohnhaft, erschienen sei und sich nach der Wohnung des Paul Krebs, der ebenfalls eine Jüdin (geb. Herz) zur Frau hat, erkundigt habe. (Krebs wohnt Hölderlinstrasse 6/Sol-Ohligs.) In Begleitung der Meyer sei ein junger Mann gewesen, der in Köln wohnhaft, aber auf den Henschelwerken in Berlin dienstverpflichtet sei. Beide sollen verlobt und sich geäussert haben, nicht in Deutschland bleiben zu wollen. Der Mann ist arischer Abstammung.

Ich habe den Vorfall gegen 9,45 Uhr der Kripo Langenfeld fernmündlich mitgeteilt und wurde mir von Krim-Oberass. Käppe versichert, dass die Meyer nach Riga abgeschoben worden und von einer evtl. Entlassung dort nichts bekannt sei.

Es wäre zu prüfen, ob die Meyer sich ev. von Riga unerlaubt entfernt und bei der Familie Paul Krebs tatsächlich vorgesprochen hat. Der Name des jungen Mannes kann bei Krebs dann auch in Erfahrung gebracht werden." [40]

Diesen Aktenvermerk legte die Staatspolizei Solingen über die Denunziation der Helene Krebs durch die in ihrer Nachbarschaft lebende Paula Berntgen an. Er steht am Anfang eines Ermittlungsverfahrens, das für

Helene Krebs tödliche Folgen hatte. Davon wird später noch zu berichten sein. Die erhalten gebliebene Akte der Gestapo Düsseldorf[41] über Helene Krebs gibt nicht nur Auskunft über deren eigenes Schicksal, sondern auch über die außergewöhnliche Flucht von Heinrich Heinen und Edith Meyer aus Riga. Denn anhand dieser Akte lässt sich nachzeichnen, welchen Weg die beiden auf ihrer Flucht genommen haben.

Helene Krebs war eine Cousine zweiten Grades von Edith Meyer. Sie entstammte einer seit langem im Bergischen Land wohnhaften jüdischen Familie. 1906 als jüngste Tochter eines Klempners geboren, heiratete sie am 14. Januar 1933 in Langenfeld den „Deutschstämmigen" Paul Krebs. Mit diesem lebte sie seit vielen Jahren in Solingen-Ohligs unweit des Heimatortes von Edith Meyer. Ihr Mann Paul war in einem Rüstungsbetrieb als Facharbeiter tätig, sie selbst arbeitete als Näherin. Da Helene Krebs mit einem „Deutschstämmigen" in einer bereits vor Erlass der Nürnberger Rassengesetze geschlossenen „Mischehe" lebte, hatte sie als Jüdin eine reelle Chance, von einer Deportation verschont zu bleiben.

Edith Meyer muss Helene und Paul Krebs häufig besucht und ihnen auch früh schon Heinrich Heinen als ihren Bräutigam vorgestellt haben. Paul Krebs gab am 18. August 1942 vor der Stapo-Außenstelle Wuppertal jedenfalls an, dass dies „vor etwa 2 bis 3 Jahren in Köln" gewesen sei. Und Helene Krebs sagte über ihn: „Ich weiß nichts anderes, daß er der Bräutigam der Meyer ist. Ob Heinen deutschblütig ist, oder jüdischer Abstammung, kann ich nicht sagen."

Über ihre Verwandte Edith machte Helene Krebs folgende Angaben:

> „Als 1941 die Polizeiverordnung über die Kennzeichnung der Juden erlassen wurde und die Meyer auch unter diese Verordnung fiel, habe ich ihr gesagt, daß ich auf meinen Mann Rücksicht nehmen müsse und sie uns nicht mehr besuchen solle. Von dieser Zeit an habe ich die Meyer nicht mehr gesehen. Von ihren in Langenfeld wohnhaften Eltern habe ich Okt.–Dez. 1941 erfahren, daß die Meyer im Dez. 1941 nach Riga evakuiert werden sollte. Kurz vor der Evakuierung der Meyer bin ich noch in Langenfeld gewesen und habe mich von ihr verabschiedet. Danach habe ich sie nicht mehr gesehen."

Paula Berntgen, die Helene Krebs denunzierte, hatte 1917 im Alter von zwanzig Jahren ihren Mann Willi Berntgen geheiratet. Seit 1938 lebten sie in Solingen-Ohligs, einige Straßen von Helene Krebs entfernt. Die beiden Familien verkehrten freundschaftlich miteinander. Auch Edith Meyer kannte die Berntgens und war bei diesen gelegentlich auch mit ihrem Verlobten Heinrich zu Besuch. Willi Berntgen machte dazu am 10. September 1942 vor der Stapo-N-Solingen (*Anm.: Geheime Staatspolizei Nebendienststelle Solingen*) jedenfalls folgende Angaben:

> „Krebs u. dessen Ehefrau, sowie die Jüdin Edith Meyer, sind mir schon von Jugend auf von Landwehr *(Anm.: einem Ortsteil von Solingen)* her bekannt. Krebs war später mit mir in Landwehr in einem Gesangverein, so daß wir hierdurch enger befreundet wurden und dann auch familiär zusammen verkehrt haben. Nach der natio-

nalen Erhebung wurde Krebs, da er eine Jüdin zur Frau hatte, als Mitglied aus dem Gesangverein ausgeschlossen. Nach dieser Zeit haben wir nicht mehr so viel mit Krebs verkehrt u. seit 2 Jahren habe ich die Wohnung überhaupt nicht mehr betreten. Bei der Familie Krebs habe ich die Jüdin Meyer u. den Arier Heinen kennen gelernt, da sie dort des öfteren hinkamen. Soweit ich mich entsinne, war es zu Beginn des Krieges. Heinen war auch mehrfach mit der Meyer in unserer Wohnung, aber nur dann, wenn sie die Familie Krebs nicht zu Hause angetroffen haben. Soviel ich weiß, ließ die Meyer bei Frau Krebs ihr Zeug nähen."

Auch Paula Berntgen hatte am 9. September 1942 vor der Stapo-N-Solingen angegeben, dass Edith „auch schon vor ihrer Evakuierung" bei ihr in der Wohnung gewesen sei,

„wo sie sich mit Heinen getroffen hat u. dann zusammen fort gefahren sind. Soweit ich mich entsinne, ist die Meyer am 10.12.41 nach Riga evakuiert worden. Nach dieser Zeit habe ich keinerlei schriftliche Verbindung mehr mit ihr gehabt, auch mein Mann nicht. Wohl hat sich Heinen von Berlin aus schriftlich nach ihrem Aufenthalt bei uns erkundigt."

Gleiches sagte auch Willi Berntgen aus:

„Heinen hat verschiedentlich uns von Berlin aus geschrieben u. sich nach der Meyer erkundigt, wo sie wäre. Mit den Eltern der Meyer stand

Heinen nicht auf gutem Fuße, da sie gegen das Verhältnis der beiden waren. Mir war bekannt, daß Heinen sehr an der Jüdin hing und nicht von ihr ablassen wollte, trotzdem ich ihn mehrfach auf die Gefahr aufmerksam gemacht habe. (…) *(Heinen hat)* sich kurz vor Weihnachten 41 mal geäußert, wenn er wüßte wo die Edith wäre, würde er sie aus dem Lager holen, was wir aber nie geglaubt haben. Ich habe ihm darauf gesagt, daß es Wahnsinn sei, was er vorhabe."

Dass sie von Heinens Vorhaben, Edith aus dem Ghetto zu befreien, Kenntnis gehabt, und ihm jegliche Hilfe und Unterstützung versprochen hätten, wie Heinrich Heinen am 21. August 1942 bei einer Vernehmung durch die Gestapo in der Haftanstalt des Landgerichtes Feldkirch angab, bestritten beide. „Da ich weiß, daß so etwas strafbar ist, würde ich mich hüten auch so – was zu sagen", beteuerte Paula Berntgen und fügte hinzu: „Wohl hat Heinen sich kurz vor Weihnachten vorigen Jahres mir gegenüber geäußert, wenn ich wüßte, daß ich die Edith aus dem Ghetto herausbekommen könnte, so würde ich dies machen."

Wie Heinrich Heinen den Aufenthaltsort von Edith Meyer ausfindig machen konnte, geht aus den Aussagen von Paula und Willi Berntgen nicht hervor und kann nicht mehr verlässlich festgestellt werden. Die Historikerin Gertrude Schneider, die im Februar 1942 als Dreizehnjährige mit ihren Eltern und einer jüngeren Schwester von Wien nach Riga deportiert wurde, und Ghetto und Konzentrationslager überlebte, meint, „dass viele der jungen Leute, die außerhalb des Ghettos bei militärischen Einheiten arbeiteten, die Möglichkeit hatten, mit Hilfe der dort wohnenden Soldaten,

Briefe nach Deutschland zu senden. Das muss Edith Meyer getan haben, um ihrem Freund Nachricht zu übermitteln."[42]

Wie auch immer Heinrich Heinen vom Aufenthaltsort von Edith Meyer Kenntnis erlangt haben mag, am 30. April 1942 kamen die beiden, wie Paula Berntgen angab, „plötzlich unerwartet" in deren Wohnung.

> „Auf Befragen der Meyer woher sie käme, antwortet sie, daß sie entlassen sei. Nach einigen Stunden habe ich beide auf den Weg zu der Familie Krebs gebracht. Zirka 8 Tage darauf verabschiedete sich Heinen bei mir in der Wohnung, da er wieder nach Berlin zurückfahren wolle. Auf Befragen nach dem Aufenthalt der Meyer gab er zur Antwort, daß sie vorläufig bei der Familie Krebs bliebe."

Willi Berntgen schilderte das Zusammentreffen mit den beiden wie folgt:

> „Ich war ganz erstaunt, daß ich Heinen u. die Meyer plötzlich in meiner Wohnung antraf. Heinen erzählte mir zuerst, daß er die Meyer auf ordnungsmäßigem Wege aus dem Ghetto in Riga geholt hätte. Später erfuhr ich aber, daß die Sache doch nicht in Ordnung war u. er die Jüdin auf Umwegen aus dem Ghetto herausgeholt hatte. Heinen gab an, daß er zuerst dort verhaftet worden sei, aber auf Vorzeigen seines Wehrpasses habe ihn die lettische–SS– wieder auf freien Fuß gesetzt. Einige Tage später ist es ihm aber doch gelungen in das Ghetto hereinzukommen, wo er die Meyer getroffen u. die

Flucht mit ihr zusammen geplant hat. Angeblich ist er des Abends mit Meyer unter den Stacheldraht her gekrochen u. so ins Freie gelangt. Sie haben sich dann bei einer lettischen Bäuerin aufgehalten, sind dann ein Stück zu Fuß gegangen u. anschließend mit einem Wehrmachtsauto oder Kraftwagen der OT [43] in der Nacht über die Grenze gefahren. Auf Befragen des Heinen, was er jetzt vorhabe, antwortete er, daß die Edith vorläufig bei Krebs bleiben solle u. er wieder sofort nach Berlin fahren würde. Daraufhin habe ich meine Frau in ein anderes Zimmer gerufen u. zu ihr gesagt, daß sie dafür sorgen solle, daß bei meiner Rückkehr die beiden nicht mehr im Hause wären. Ich wollte mit der Angelegenheit nichts zu tun haben. Auf mein Zureden u. aus eigenem Entschluß hat meine Frau 8 Tage darauf die Angelegenheit der Polizei gemeldet."

Helene und Paul Krebs bestritten die Aussagen der Berntgens und stellten zunächst in Abrede, dass Edith Meyer und Heinrich Heinen in ihrer Wohnung gewesen seien. Die Gestapo Düsseldorf ließ deshalb die beiden in der Haftanstalt in Feldkirch befindlichen Flüchtlinge durch die Geheime Staatspolizei dazu befragen. Nach Einlangen der Aussagen von Heinrich Heinen und Edith Meyer gaben Helene und Paul Krebs schließlich zu, dass die beiden in ihrer Wohnung gewesen seien und sich Edith dort acht Tage verborgen gehalten hatte.

Die von Heinrich Heinen und Edith Meyer eigenhändig unterfertigten Protokolle über ihre am 21. August 1942 in der Haftanstalt in Feldkirch durchgeführten Vernehmungen stellen die bislang einzigen bekannten persönlichen Zeugnisse der beiden über ihre Flucht aus Riga dar. Sie haben folgenden Wortlaut:

„Vorgeführt erscheint in der Haftanstalt Feldkirch der Deutsche Staatsangehörige Heinrich Nikolaus H e i n e n, Personalien bekannt und gibt zur Wahrheit ermahnt und mit dem Gegenstand der Vernehmung bekannt gemacht, folgendes an:

,Es war Ende April 1942 als ich meine Braut aus dem Ghetto in Riga holte. Wir fuhren von Riga nach Königsberg mit einem LKW., der O. T. Von hier aus benutzten wir den Zug bis nach Berlin. Noch am selben Tage fuhren wir weiter nach Ohligs-Solingen. Wir besuchten hier die Familie B e r n t g e n, die unsere Verhältnisse kannten. Sie wußten von meinem Vorhaben, dass ich die Meyer aus dem Ghetto holen wollte und versprachen mir, jegliche Hilfe zu leisten. Als wir nun nach Ohligs kamen, waren sie sehr enttäuscht, denn sie hatten nie geglaubt, dass mir mein Vorhaben gelingen würde. Sie sagten nun, dass wir sehen sollten, dass wir bald in die Schweiz kämen. Sie sind noch im Besitze von Wäsche und Porzellan, das meiner Braut gehört und uns nicht ausgehändigt wurde. Wir verliessen dann Berntgen und begaben uns zur Familie Krebs. Sie waren erstaunt, dass ich meine Braut aus dem Ghetto geholt hatte. Weil wir nun nicht wussten, was wir machen sollten, baten wir die Familie Krebs, uns Unterkunft zu gewähren. Unsere Bitte wurde anstandslos gewährt. Ich wohnte zirka 3 Tage und meine Braut Edith Sara Meyer 8 Tage bei der Familie Krebs. Angemeldet sind wir nicht worden. Wir waren nicht im Besitze von Lebensmittelmarken. Wir hatten sie auf der Reise alle verbraucht. Das Essen haben wir während unseres Aufenthaltes von der Familie Krebs erhalten. Ich fuhr dann am 4. Tage nach Köln zu meinen Eltern. Von hier fuhr ich wieder nach Ohligs und anschließend weiter nach Berlin, wo ich eine Wohnung suchte. Als ich eine Wohnung gefunden hatte, teilte ich es meiner Braut mit, die dann sofort nach Berlin kam. Wir fuhren nur nach Ohligs, weil wir dachten, dass wir bei der Familie Berntgen Unterkunft erhalten würden, da sie uns wie schon erwähnt, jegliche Hilfe leisten wollten. In Berlin wohnten wir nicht ganz 8 Tage. Hier wohnten wir in Untermiete bei Philipp, Berlin-Schönefeld, Kürasierstr. 20, wo ich auch polizeilich gemeldet war. Meine Braut dagegen war nicht polizeilich gemeldet. Nach 8 Tagen verliessen wir dann Berlin und begaben uns nach Königswinter/Rhein. Hier haben wir in der Pension Stockum gewohnt. Wir wohnten hier zirka 4 Tage und fuhren dann mit der Bahn nach Bludenz/Vorarlberg um von hier aus nach der Schweiz zu gehen.

Ich habe die volle Wahrheit gesagt und habe bei meinen Angaben nichts verschwiegen noch hinzuzusetzen.'"

Das mit Edith Meyer am selben Tag aufgenommene Protokoll hat folgenden Wortlaut:

„Vorgeführt erscheint in der Haftanstalt Feldkirch die ledige Jüdin M e y e r Ediht Sara, Personalien bekannt und gibt zur Wahrheit ermahnt und mit dem Gegenstand der Vernehmung bekannt gemacht, folgendes an:

‚Am 8. Dezember 1941 wurde ich nach Riga evakuiert. Hier war ich dann in einem Ghetto untergebracht. Im April 1942 hat mich dann mein Bräutigam aus dem Ghetto geholt. Wir fuhren von Riga bis Königsberg mit einem LKW der OT. Von Königsberg sind wir dann mit dem Zug bis nach Berlin gefahren. Wir fuhren dann von Berlin aus direkt nach Ohligs-Solingen. Hier habe ich meine Verwandte namens Helene K r e b s, geb. Berg aufgesucht und bei ihr zirka acht Tage gewohnt. Ihr Ehemann ist Arier. Bei meiner Ankunft wollte sie mir zuerst keine Unterkunft gewähren, da ihr die Angelegenheit zu schlimm erschien und eine Bestrafung befürchtete. Auch ihr Ehemann Paul Krebs hatte Bedenken, als ich ihn bat, einige Tage hier zu bleiben bis ich wüsste wo ich hingehen könnte. Weiter hatte auch er keinen Einwand erhoben, da sie mich nicht so ohne weiteres auf die Strasse setzen konnten. Angemeldet wurde ich nicht. Ich hatte von meinem Bräutigam Lebensmittelmarken erhalten, welche für diese Zeit ausreichten. Ich habe mich diese 8 Tage ganz verborgen gehalten, da Ohligs so nahe an meinem Heimatort Langenfeld liegt und ich sicher erkannt worden wäre. Während dieser Zeit hat mich mein Bräutigam zirka 2–3mal besucht. Er hat nicht bei mir gewohnt, sondern war in dieser Zeit bei seinen Eltern in Köln.

Nach meinem 8 tägigen Aufenthalt bei der Familie Krebs, bin ich dann wieder nach Berlin gefahren, da mein Bräutigam bereits in Berlin

> **Geheime Staatspolizei**
> Staatspolizeileitstelle Bregenz
> Tgb. Nr. II B. 1184/42
>
> Feldkirch, den 21. August 1942.
>
> Vernehmungsniederschrift.
>
> Vorgeführt erscheint in der Haftanstalt Feldkirch die ledige Jüdin
>
> M e y e r Edith Sara,
>
> Personalien bekannt und gibt zur Wahrheit ermahnt und mit dem Gegenstand der Vernehmung bekannt gemacht, folgendes an:
>
> „Am 8. Dezember 1941 wurde ich nach Riga evakuiert. Hier war ich dann in einem Ghetto untergebracht. Im April 1942 hat mich dann mein Bräutigam aus dem Ghetto geholt. Wir fuhren von Riga bis Königsberg mit LKW.der OT. Von Königsberg sind wir dann mit dem Zug bis nach Berlin gefahren. Wir fuhren dann von Berlin aus direkt nach Ohligs-Solingen. Hier habe ich meine Verwande namens Helene K r e b s, geb. Berg aufgesucht und bei ihr zirka acht Tage gewohnt. Ihr Ehemann ist Arier. Bei meiner Ankunft wollte sie mir zuerst keine Unterkunft gewähren, da ihr die Angelegenheit zu schlimm erschien und eine Bestrafung befürchtete. Auch ihr Ehemann Paul Krebs hatte Bedenken, als ich ihn bat, einige Tage hier zu bleiben bis ich wüsste wo ich hingehen könnte. Weiter hatte auch er keinen Einwand erhoben, da sie mich nicht so ohne weiteres auf die Strasse setzen konnten. Angemeldet wurde ich nicht. Ich hatte von meinem Bräutigam Lebensmittelmarken erhalten, welche für diese Zeit ausreichten. Ich habe mich diese 8 Tage ganz verborgen gehalten, da Ohligs so nahe an meinem Heimatort Langenfeld liegt und ich sicher erkannt worden wäre. Während dieser Zeit hat mich mein Bräutigam zirka 2 – 3 mal besucht. Er hat nicht bei mir gewohnt, sondern war in dieser Zeit bei seinen Eltern in Köln.
>
> Nach meinem 8 tägigen Aufenthalt bei der Familie Krebs, bin ich dann wieder nach Berlin gefahren, da mein Bräutigam bereits in Berlin war. Von hier aus sind wir dann nach Königswinter/Köln gefahren und haben auch hier zirka 3 Tage bei einer Familie Stokkum gewohnt. Wir fuhren dann nach Bludenz/Vorarlberg, von wo wir uns dann in die Schweiz begeben wollten.
>
> Ich habe die volle Wahrheit gesagt und habe meinen Angaben nichts mehr hinzuzufügen.
>
> Aufgenommen: Selbst gelesen und Unterschrieben

Protokoll über die Einvernahme von Edith Meyer in der Haftanstalt Feldkirch (Landesarchiv Nordrhein-Westfalen – Abteilung Rheinland – RW 58 Nr. 52490, Bl. 18)

war. Von hier sind wir dann nach Königswinter/ Köln gefahren und haben hier zirka 3 Tage bei einer Familie Stokkum gewohnt. Wir fuhren dann nach Bludenz/Vorarlberg, von wo wir uns dann in die Schweiz begeben wollten.

Ich habe die volle Wahrheit gesagt und habe meinen Angaben nichts mehr hinzuzufügen.'"

Die Angaben von Edith Meyer enthalten eine Ungenauigkeit: Sie wurde nicht am 8. Dezember 1941, sondern am 11. Dezember 1941 nach Riga deportiert. Dies steht auf Grund der bekannten Daten des Transportes der Düsseldorfer Juden nach Riga zweifelsfrei fest.

Die Angaben der beiden sind überdies zu ergänzen. Aus dem Urteil des Sondergerichtes beim Landgericht Feldkirch vom 27. August 1942, mit dem Heinrich Heinen wegen Rassenschande zu einer Zuchthausstrafe von fünf Jahren verurteilt wurde, geht nämlich hervor, dass Heinrich Heinen und Edith Meyer, bevor sie nach Bludenz gefahren sind, in Konstanz versucht haben, die Grenze zur Schweiz zu überschreiten.

Zusammenfassend lassen sich daher folgende Stationen der Flucht von Heinrich Heinen und Edith Meyer rekonstruieren: Riga – Königsberg – Berlin – Solingen-Ohligs – Berlin – Königswinter – Konstanz – Bludenz – Feldkirch.

Viele Fragen zu dieser Flucht aber bleiben offen.

Heinen hat bei Vernehmungen in Feldkirch angegeben, am 15. Januar 1942 durch das Arbeitsamt Köln als Kalkulator zu den Henschel-Werken in Berlin dienstverpflichtet worden zu sein. Zu Ostern 1942 sei er mehrere Tage seiner Arbeit fern geblieben, habe dann aber die Arbeit wieder aufgenommen und schließlich im Mai 1942 seinen Arbeitsvertrag bei den Henschel-Werken endgültig ohne vorherige Lösung des Arbeitsverhältnisses aufgegeben.

Jedes unerlaubte Fernbleiben vom Arbeitsplatz stand nach nationalsozialistischem Recht als „Arbeitsvertragsbruch" unter Strafsanktion. Heinens unerlaubtes Fernbleiben von der Arbeit zu Ostern 1942 musste daher zu Fahndungs- und Strafmaßnahmen führen, ebenso auch das endgültige Verlassen des Arbeitsplatzes. Tatsächlich hat der Oberstaatsanwalt von Feldkirch von einer Strafverfolgung Heinens wegen Arbeitsvertragsbruches nur deshalb Abstand genommen, weil die hiefür zu erwartende Strafe neben der für das angeklagte Hauptdelikt „Rassenschande" zu erwartenden nicht ins Gewicht fiel und das Verfahren wegen der zum Nachweis des Arbeitsvertragsbruches in Berlin noch erforderlich gewesenen Erhebungen verzögert worden wäre.

Um legal von Berlin nach Riga reisen zu können, war eine spezielle Einreisebewilligung erforderlich. Wie aus dem gegen Heinen in Feldkirch ergangenen Urteil hervorgeht, besaß Heinen eine solche Einreisebewilligung nicht. Wie er ohne eine solche nach Riga kommen und Edith Meyer im Ghetto, wo zu diesem Zeitpunkt etwa 25.000 Menschen lebten, ausfindig machen und die Flucht vorbereiten konnte, ist völlig unklar.

Das mit Stacheldraht umzäunte Ghetto war streng bewacht. Am Ghettozaun befand sich ein Warnschild in deutscher und lettischer Sprache: „Auf Personen, die den Zaun überschreiten oder den Versuch machen, durch den Zaun mit den Insassen des Ghettos in Verhandlung zu treten, wird ohne Anruf geschossen". Unter dem Stacheldraht des Ghettozaunes hindurch zu kriechen, war daher mit einem enormen Risiko verbunden. Ob Heinen Fluchthelfer hatte, ob er Wachepersonal bestochen hat oder wie es ihm sonst möglich war, Edith unentdeckt aus dem Ghetto herauszubringen, lässt sich nicht mehr klären. Klären lässt sich auch nicht, ob Heinrich Heinen und Edith Meyer in einem LKW der Organisation Todt nach Königsberg mitgefahren sind oder ob sie einen LKW der Organisation Todt gestohlen oder unbefugt in Gebrauch genommen haben. Die Organisation Todt war in Riga mit zahlreichen Projekten befasst. In Riga befand sich auch der Sitz der Bauverwaltung der Organisation Todt für das Generalkommissariat Lettland. Gelegenheit, einen LKW der Organisation Todt zu organisieren, bestand daher reichlich.

Hatten die beiden für die Zugfahrt von Königsberg nach Berlin und von Berlin nach Solingen-Ohligs gefälschte Dokumente? Wie konnten sie trotz der Kontrollen unentdeckt bleiben? Welche Erklärung gaben sie für ihre Fahrt?

Warum wählten sie schließlich auf ihrer weiteren Flucht von Berlin aus Königswinter als Zwischenstation und blieben dort drei oder vier Tage in einer Pension? Königswinter, eine kleine Stadt am Rhein und am Rande des Siebengebirges, liegt vierzig Kilometer südlich von Köln. Kamen Heinens Eltern dort noch einmal vorbei oder trafen sich die beiden noch mit anderen Personen?

Wurde die Flucht von Edith Meyer aus dem Ghetto in Riga entdeckt? Die Historiker Andrej Angrick und Peter Klein, die eine grundlegende Studie über „Die Endlösung in Riga" verfasst haben, haben in Kenntnis der Details dieses Falles aus der Gestapoakte Helene Krebs in den Jahren 1998 und 1999 in den Akten der Archive in Riga und Moskau herauszufinden versucht, ob der Diebstahl eines Lastwagens der Organisation Todt, das Fehlen von Edith Meyer an einem Arbeitsplatz oder die Anwesenheit von Heinrich Heinen irgendeine Spur hinterlassen hat. Es ist ihnen nicht gelungen, archivische Hinweise auf diese Flucht zu finden.[44] Da sich keine Akten der jüdischen Arbeitseinsatzverwaltung erhalten haben und im Ghetto-Journal der Name von Edith Meyer nicht verzeichnet ist und es auch sonst keinen geschlossenen Aktenbestand zum Ghetto von Riga mehr gibt, ist kaum zu erwarten, dass sich diese Fragen je klären lassen werden.

Die damals dreizehn Jahre alte Gertrude Schneider hatte im Ghetto von Riga Ordonnanzdienste zu leisten, wobei sie an den Häusern des Ghettos auch immer wieder Verlautbarungen und Bekanntmachungen anzuschlagen hatte. Auch sie hat von Edith Meyers Flucht nie etwas gehört.[45] Da immer wieder Menschen verschwanden, in andere Lager oder an entfernter gelegene Arbeitsstätten verbracht wurden, ist es möglich, dass das Verschwinden von Edith Meyer aus dem Ghetto nur wenigen Mitbewohnern bekannt wurde und ihre Flucht weitgehend unbemerkt blieb.

Über den letzten Abschnitt der Flucht von Heinrich Heinen und Edith Meyer in Vorarlberg ist wenig bekannt. Der Oberstaatsanwalt von Feldkirch berichtete am 3. August 1942 lapidar an die Generalstaatsanwaltschaft in Innsbruck: „In Vorarlberg hielten sie sich vorerst in Bludenz auf, wo sie sich als Ehepaar anmeldeten. Als ihnen hier das Geld ausging, verließen sie das Hotel heimlich, ohne die aufgelaufene Schuld zu bezahlen, und begaben sich nach Feldkirch, um von hier die Reichsgrenze zu überschreiten."[46]

Ob Heinrich Heinen und Edith Meyer die Absicht hatten, von Bludenz aus über die Berge des Montafon oder des Brandnertales in die Schweiz zu gelangen oder ob sie nach Bludenz nur deshalb fuhren, um nicht aufzufallen und heimlich Möglichkeiten für das Überschreiten der Reichsgrenze auszukundschaften, lässt sich nicht mehr klären.

Auch über die Umstände der Festnahme des Paares in Feldkirch ist nichts Genaues bekannt. Bei dieser Festnahme muss es jedoch zu einem weiteren Fluchtversuch von Heinen gekommen sein, denn in dem gegen Friedrich Frolik ergangenen Urteil des Sondergerichtes beim Landgericht Feldkirch vom 19. Mai 1943 wird angeführt, dass Heinen die ihn verhaftenden Zollorgane in einem Zimmer eingesperrt habe. Über Heinen heißt es dort: „Seine Verwegenheit offenbarte sich in der Befreiung seiner Braut Sarah Meier aus dem Ghetto in Riga und in der Abschließung der ihn verhaftenden Zollorgane in einem Zimmer." Diese Abschließung kann sich nur auf die Festnahme in Feldkirch beziehen. Was an diesem 22. Juni 1942 in Feldkirch-Nofels jedoch genau geschehen ist, konnte bislang nicht geklärt werden.

Der 22. Juni 1942 war ein Montag. Im Kino von Feldkirch wurde der Film „Sieben Jahre Pech" mit Hans Moser und Theo Lingen gezeigt. Auch der beliebte Volksschauspieler Hans Moser war mit einer Jüdin verheiratet, von der er nicht lassen wollte. Er weigerte sich, sich von ihr scheiden zu lassen. Laut Kinoanzeige ging es in der „amüsanten und heiteren" Filmkomödie „um die tolle Geschichte des Mannes, dem alles danebengeht."

In dieser Nacht wurden Heinrich Heinen und Edith Meyer festgenommen und durch die wegen Fliegergefahr völlig verdunkelte Stadt in die Haftanstalt des Landgerichtes gebracht. Sie langten dort am 23. Juni 1942 um 0 Uhr 50 Minuten ein und wurden im Gefangenenbuch unter den Nummern 165 und 166 registriert. Wahrscheinlich haben sich die beiden in dieser Stunde zum letzten Mal in ihrem Leben gesehen.

Endstation Feldkirch

Die Haftanstalt, in die Heinrich Heinen und Edith Meyer eingeliefert wurden, ist nur wenige Kilometer von der Grenze zur Schweiz und zu Liechtenstein entfernt. Sie ist baulich mit dem Gebäude des heutigen Landesgerichtes verbunden, das 1942 nach der in Deutschland gebräuchlichen Behördenterminologie „Landgericht" hieß. Das Gebäude liegt direkt an der Ill, einem Fluss, der in den Bergen der Silvrettagruppe entspringt und bei Feldkirch in den Rhein mündet. Neben dem „Landgericht" befand sich damals auch das „Amtsgericht" in diesem Gebäude, das für die Stadt und den Bezirk von Feldkirch zuständig war. Das „Landgericht" hingegen war für das gesamte Gebiet des Bundeslandes Vorarlberg zuständig, das damals Teil des Reichsgaues Tirol-Vorarlberg war. 1942 standen auch der Grenzpolizei und verschiedenen nationalsozialistischen Organisationen Räume im Gerichtsgebäude zur Verfügung. 1943 fragte der Bürgermeister von Feldkirch an, ob noch weitere „artverwandte Ämter" dort untergebracht werden könnten.

Erbaut wurde das Gerichtsgebäude unter der Regierung des Kaisers Franz Joseph I. in den Jahren 1903 bis 1905. Wie es damals üblich war, wurde auch das neue Gerichtsgebäude von Feldkirch als „Justizpalast" bezeichnet. Auf alten Ansichtskarten ist das Gebäude noch mit dieser Bezeichnung zu sehen. Für Feldkirch mit damals nicht einmal 5.000 Einwohnern muss das monumentale Gebäude mit seinen mehr als hundert Räumen, breiten Stiegen und Gängen und einer imposanten Fassade tatsächlich etwas Palastartiges an sich gehabt haben.

Bei der feierlichen Eröffnung des Gerichtsgebäudes am 31. Oktober 1905 sagte der Bürgermeister von Feldkirch, das Gebäude sei ein Werk, das der Stadt „für alle Zeiten zur Zierde" gereiche. Und der Gerichtspräsident erinnerte in seiner Festansprache an die Aufgaben des „nur Gott und seinem Gewissen" gegenüber verantwortlichen „unabhängigen und unabsetzbaren österreichischen Richters" und versprach: „Wir Richter, die wir nun im neuen Hause unseres Amtes walten, wir Wächter der Gerechtigkeit an Österreichs Westgrenze wollen uns verpflichten, unser bestes Können und Wissen einzusetzen, damit Jedem sein Recht werde."[47] 1942, als Heinrich Heinen und Edith Meyer hier in Haft genommen wurden, war davon nicht mehr die Rede. Da hieß es, der Richter sei ein „Lehensmann des Führers"[48] und Recht sei, „was arische Männer für Recht befinden."[49] Und als die Nationalsozialisten 1938 den damaligen Präsidenten des Gerichtes Dr. Martin Schreiber seines Amtes enthoben, rechtfertigte dies ein dem neuen Regime ergebener Richter mit den Worten: „Der Bewegung ist allein mit objektiven Männern nicht geholfen, sie braucht fanatische Anhänger ihres Ideengutes."[50]

Auf der der Ill zugewandten Seite des Gerichtsgebäudes ist am nördlichen Giebel ein Glasmosaik mit dem Kopf der Austria zu sehen, einer allegorischen Frauengestalt, die Österreich personifizieren soll, umgeben von den Wappen von Feldkirch und Vorarlberg und den Emblemen von Krieg und Frieden sowie der Inschrift *Austria erit in orbi ultima*. Dieser Wahlspruch Friedrichs III. mit seiner Vokalfolge AEIOU galt Jahrhunderte lang als geheimes Motto Österreichs. Generationen haben ihn übersetzt mit „Alles Erdreich ist Österreich untertan" oder „Auf Erden ist Österreich unersetzlich". 1942, als Heinrich Heinen und Edith

Historische Ansichtskarte des „Justizpalastes" von Feldkirch (um 1905)

Meyer in das Gerichtsgefängnis eingeliefert wurden, war Österreich längst nicht mehr unersetzlich. Die Donaumonarchie war 1918 untergegangen und Österreich, das nach dem Zerfall des Habsburgerreiches entstanden war, von den Landkarten verschwunden. „Ostmark" hieß das Land nunmehr, das Hitler am 13. März 1938 dem Deutschen Reich „angeschlossen" hatte.

Vieles an dem Gebäude erinnert bis heute an die Zeit seiner Entstehung in den letzten Friedensjahren der österreichisch-ungarischen Doppelmonarchie. Zwei Kronen auf Siegeskränzen flankieren den Giebel auf der einen Seite, der Doppeladler, das Wappen der Donaumonarchie, schmückt den Giebel auf der anderen Seite. Franz Josephs I. Leitspruch *Mit vereinten Kräften* mahnt auch heute noch am Turm des Gerichtsgebäudes zu Gemeinsamkeit und Zusammenarbeit. Und im Schwurgerichtssaal prangt überlebensgroß das Reliefbild „Seiner Majestät des Kaisers", in dessen Namen die Urteile damals verkündet wurden.

Inschriften und bildliche Darstellungen erinnern daran, was die Erbauer des Gebäudes von der Justiz erwarteten. *Gerechtigkeit* steht da auf einem Relief oberhalb eines Fensters, das ein Frauenbildnis mit Binde vor den Augen zeigt. Das Relief erinnert an die römische Göttin Justitia und die Aufgabe der Justiz: zu urteilen ohne Ansehen der Person. *Weisheit* und *Wahrheit* steht über dem Eingang auf der Westseite. Der Inschrift zugeordnet sind altgriechische Symbole: links über *Weisheit* die Eule der Athene, der Kopfgeburt des Zeus, Tochter der meistwissenden Metis, der Bewirkerin aller gerechten Dinge, rechts davon über *Wahrheit* das Aufleuchten des Lichtes Apolls, des Gottes des Maßes. *Mittelalter Folter* und *Neuzeit Gesetz* steht auf zwei Reliefs, die ein Fenster auf der Westseite des Uhrturms umgeben, verweisend auf die Entwicklung des Rechts von seinen archaischen und grausamen Erscheinungsformen zu Humanität und Menschlichkeit. Über allem aber prangt weithin sichtbar die Inschrift: *Gerecht und mild*. Verheißung und Trost für jene, die hier vor Gericht stehen, Mahnung für jene, die hier Recht sprechen.

Das Gefangenenhaus ist baulich mit dem Gerichtsgebäude verbunden. Der Zugang zu ihm führt über einen quadratischen Innenhof. Die Fassade über dem Eingang zum Gefangenenhaus wird dominiert von den fünf Fenstern der darüber liegenden Kapelle, deren Glasfenster vom Jugendstil zeugen, der die gesamte Architektur des Gebäudes geprägt hat. Zwischen den Statuen des Hl. Nikolaus', dem Schutzpatron der Stadt, und des Hl. Josefs befindet sich hoch über dem Eingang zum Gefangenenhaus im Rund eines Kreises die Skulptur einer Kreuzigungsgruppe. Die Inschriften

O Herr, dein Tod ist unser Leben und *Vater unser, der du bist im Himmel, geheiliget werde dein Name*, die diese Skulptur ursprünglich umgaben, wurden von den Nationalsozialisten entfernt. Dabei hatte schon der delphische Gott den Lakedämoniern verheißen: vocatus ac invocatus, deus aderit. Gerufen und nicht gerufen, wird Gott da sein.

Viele rassisch und politisch Verfolgte versuchten nach dem „Anschluss" Österreichs an das Deutsche Reich über Vorarlberg in die Schweiz zu fliehen. Feldkirch als Grenzstadt kam dabei eine bedeutende Rolle zu. Denn durch Feldkirch fuhren die Fernreisezüge in die Schweiz.

Tausende Juden verließen in den Wochen nach dem Einmarsch deutscher Truppen in Österreich das Land. In dieser Zeit war ihre Ausreise noch legal möglich, von Anfang an aber war sie begleitet von Feindseligkeiten, Willkür, Demütigungen und einem Klima von Angst und Terror. SS-Leute schrien ankommende Juden als „Saujuden" an, nationalsozialistischer Mob belästigte die Reisenden in den Zügen und schüchterte sie ein.[51]

Der Schriftsteller Carl Zuckmayer kommt auf seiner Flucht in die Schweiz in den frühen Morgenstunden des 15. März 1938 in Feldkirch an. In seinen Lebenserinnerungen beschreibt er die Gefühle, die er damals hatte:

> „‚Als der Zug langsam in Feldkirch einfuhr und man die grellen Scheinwerfer sah, hatte ich wenig Hoffnung. Ich empfand eigentlich nichts und dachte in diesem Moment auch nichts. Eine kalte Spannung hatte mich erfüllt. Aber alle Instinkte waren auf Rettung konzentriert.'
>
> Mit kühnem Auftreten und hohen Kriegsdekorationen aus dem Ersten Weltkrieg kann er einen jungen SS-Mann beeindrucken. Die

Rettung gelingt. ‚Der Himmel war glasgrün und wolkenlos, die Sonne flimmerte auf dem Firnschnee, als der Zug die Grenze passierte. Die Schweizer Zollbeamten kamen herein und stießen freundliche Rachenlaute aus. Alles war vorbei. Ich saß in einem Zug, und er ging nicht Richtung Dachau.'"[52]

Mit dem Ausbruch des Krieges im September 1939 änderte sich die Situation grundlegend. Feldkirch hatte damals rund 13.000 Einwohner. Die Grenzaufsicht wurde nunmehr verschärft. Wer noch legal ausreisen konnte, wurde am Bahnhof von Feldkirch strengsten Kontrollen unterzogen. Die Bahnanlagen wurden abgeriegelt, die Grenzübergangsstellen mit Barrikaden und Stacheldrahtrollen versehen. Im Frühjahr 1941 wurde an der Feldkircher Grenze ein vierzehn Kilometer langer und zwei Meter hoher Grenzzaun aus Stacheldraht errichtet, der im darauffolgenden Jahr noch um einen halben Meter erhöht wurde, weil der Zaun zuvor immer wieder überklettert worden war. Im Vorfeld wurden Hindernisse angebracht.

1942 waren an der Grenze von Vorarlberg zur Schweiz und zu Liechtenstein 709 Zollbeamte und 3.221 Reservisten eingesetzt.[53] Dass die Vorarlberger Gestapo-Zentrale in Bregenz die Bezeichnung „Grenzpolizeikommissariat" trug, zeigt die Bedeutung, die die Überwachung der Grenze für den nationalsozialistischen Behördenapparat hatte. Nur mehr selten war es daher in dieser Zeit möglich, heimlich die Grenze bei Feldkirch nach Liechtenstein oder zur Schweiz zu überschreiten.

Eine legale Ausreise in die Schweiz oder nach Liechtenstein war nach dem Ausbruch des Krieges nur mehr wenigen Personen möglich. Und doch gab es immer wieder Menschen, die versuchten, die Schweiz zu erreichen, sei es über die Berge oder den Rhein. Manchen gelang die Flucht. Viele aber scheiterten, wurden gefasst und in die Haftanstalt des Landgerichtes eingeliefert. Juden wurden „zur Verfügung der Gestapo" gestellt und von dieser meist in ein Konzentrationslager eingewiesen. Für viele führte so der Weg von Feldkirch in den Tod. Von zahlreichen Flüchtlingen endet in Feldkirch jegliche Spur und Nachricht. So etwa von jenen vierzehn slowakischen Juden, die wenige Monate nach Heinrich Heinen und Edith Meyer am 7. Januar 1943 gegen 9.30 Uhr mit dem Güterzug G 6192 hinter Kohlen verborgen in Feldkirch ankamen. Vom Scheitern ihrer Flucht gibt nur der erhalten gebliebene Bericht eines Hilfszollassistenten[54] Zeugnis:

> „Die Kontrollbeamten beginnen in der vorgeschriebenen Ordnung mit der Durchsuchung der durchwegs mit Holzkohle beladenen und nach der Schweiz bestimmten Waggons. Die Kontrolle geht wie immer flott, aber mit größter Gründlichkeit vor sich. Beim Versuch den Wagen S Z 17068 zu öffnen, werden die Beamten stutzig. Die Schiebetüre klemmt. Erst durch ein unter ihr angesetztes Hebeeisen kann sie ausgehoben und geöffnet werden. Sofort fällt aus dem Wagen eine Menge Holzkohle heraus. Ein Blick ins Innere des Wagens zeigt, dass die Kohle gegen alle Gewohnheit seitlich weit über die Vorlagbretter hinauf hochgeschaufelt ist und dass der Wagen ohne die üblichen Ladelucken bis zur Decke beladen ist. Noch aber ist ein Vordringen in den Wagen nicht möglich. Es muss

Sperre der Brücke Feldkirch Nofels-Bangs
(Stadtarchiv Feldkirch)

erst noch ein Loch in den Kohlenberg gegraben werden. Diese Tatsache ist verdächtig. Bei den Ausräumarbeiten wird Papier, ein Apfel und schließlich sogar Menschenkot gefunden. Jetzt wird der ursprüngliche Verdacht, dass Menschen in dem Wagen verborgen sind, fast zu Gewissheit. Eifrig arbeiten die Männer weiter, darauf gefasst, jeden Augenblick auf Menschen zu stossen. Da wird plötzlich auf der anderen Längsseite eine Lüftungsklappe aufgerissen, ein Mensch springt durch sie aus dem Wagen und flüchtet über die Geleise. Gleich wird der Laden von innen geschlossen. Zwei Arme werden dabei für kurze Zeit sichtbar.

Jetzt ist alles klar. Zuerst einmal gilt es den Flüchtling festzunehmen. Ein mit der Überwachung des Zuges beauftragter Zollsekretär verfolgt ihn etwa 500 Meter weit, nimmt ihn fest und bringt ihn ins Verschublokal. Unterdessen graben sich die übrigen Beamten gegen die Stirnwand des Wagens vor und entdecken dort ein Loch, das bis fast auf den Boden des Wagens reicht. In diesem finden sie vier Flüchtlinge. Durch Entfernen weiterer Kohle schaffen sie einen Ausgang, dann fordern sie die Gefundenen auf, den Wagen zu verlassen. Diese sträuben sich jedoch, werden aber bald mit vorgehaltener Pistole zum Herauskriechen gezwungen. Die Flüchtlinge sind vor Kohlenstaub ganz schwarz im Gesicht und sehr dreckig, scheinen aber in guter körperlicher Verfassung zu sein.

Die Besichtigung des Verstecks zeigt, dass der freigelegte Raum eine Bodenfläche von etwa fünf qm hat, und dass das Innere des Unterschlupfes sehr gut ausgestattet ist. Es ist wohl ausgerüstet mit Federbetten, Steppdecken, Wolldecken, Kopfkissen und Säcken. Darin liegen die Männer ohne Schuhe. Bei der weiteren Durchsuchung des Wagens finden die Beamten ein grosses Proviantlager, das mindestens 30 Laib Brot, sieben Flaschen Schnaps, vier lange Würste, dazu Selchfleisch, Sardinen, Rum Zigaretten, Bonbons und einen grossen Glasballon mit Wasser enthält. Das sind Lebensmittel und Getränke für noch acht Tage. Inzwischen haben sich die Flüchtlinge, von denen sich herausstellt, dass sie alle Juden sind, nach anfänglicher grosser Niedergeschlagenheit in ihr Geschick ergeben. Sie sehen abenteuerlich genug aus. Die Gesichter haben sie zum Schutz gegen Frost und Kälte mit Schals verbunden, sodass nur die Augen und die – schmutzige – Nase herausschauen. Sie tragen viele Kleider am Leib; 5–6 Hosen und 3–4 Pullover. Auf die Frage, ob noch weitere Männer in den Wagen versteckt sind, verneinen sie und versichern: nur wir fünf. Die Beamten verlassen sich auf diese Aussage natürlich nicht und durchsuchen auch die übrigen Wagen. Dabei entdecken sie in einem von ihnen weitere fünf Männer und in einem anderen noch drei Männer und ein 17 jähriges Mädel. Alles Juden. Auch sie sind genau so gut ausgestattet und verproviantiert wie die ersten, sehen genau so dreckig aus und sind ebenso erschrocken. Das Mädel fragt mit erhobenen Händen voller Angst: ‚Was geschieht mit uns?' Auf die Frage, warum er geflüchtet sei, erklärt ein Jude: ‚Weil ich wollte Leben retten.' Bei der näheren Vernehmung erklären die Juden, dass sie am 30. Dezember 1942 in der Station Radwei in der Slowakei in die Wagen eingestiegen sind, um sich dem Abtransport in ein Arbeitslager zu entziehen. Das Versteck hatten sie dadurch geschaffen, dass sie die Holzkohle von der Stirnwand gegen die Wagenmitte schaufelten."

„Was geschieht mit uns?" Die Geschichte der glücklosen Fluchten, die an der Grenze zur Schweiz scheiterten, ist noch nicht geschrieben und lässt sich vollständig auch nicht schreiben, weil viele der hier Gestrandeten in der Namenlosigkeit der Lager verschwunden sind. Für jene, deren Flucht im Raum von Feldkirch endete, war die Haftanstalt des Landgerichtes, in die sie in aller Regel eingeliefert wurden, die erste Station in eine ungewisse Zukunft.

In der Haftanstalt

„Gerichtsgefängnis" stand auf einem Amtschild, das die „Gesellschaft für Blechemballage und Plakatindustrie mbH in Berlin"[55] nach dem „Anschluss" Österreichs für das Gefängnis von Feldkirch hergestellt hatte. Es ersetzte die vormals gebräuchliche Bezeichnung „landesgerichtliches Gefangenenhaus". In Protokollen aus dieser Zeit wird jedoch regelmäßig der Begriff „Haftanstalt" verwendet.

Nach dem Zusammenbruch des Nationalsozialismus gab der Direktor des „landesgerichtlichen Gefangenenhauses" von Feldkirch im Rahmen einer Zeugenaussage am 26. Juli 1946 an, dass während des Krieges gelegentlich bis zu vierhundert Personen im Gerichtsgefängnis von Feldkirch in Haft gewesen seien. Regulär hätten dort einhunderteinundvierzig Häftlinge Platz gehabt. Zellen, die eigentlich nur für sechs Personen vorgesehen gewesen seien, seien bisweilen mit bis zu zwanzig Personen belegt gewesen.[56]

Vielfach waren es Flüchtlinge wie Heinrich Heinen und Edith Meyer, die diesen Überbelag verursachten und die nach einer gescheiterten Flucht in die Schweiz in die Haftanstalt des Landgerichtes Feldkirch eingeliefert wurden. Meist wurden sie dann wegen Passvergehens, Wehrdienstentziehung und Arbeitsvertragsbruches angeklagt.

Aus den verschiedensten Ländern und Gegenden kamen die Flüchtlinge her: aus der „Ostmark", aus dem „Altreich", aus Tschechien, Ungarn, Polen, Italien, dem Balkan und der Ukraine. Unter ihnen waren auch Zwangsarbeiter, die nach Vorarlberg verbracht worden

Eingang zur Haftanstalt (heute Justizanstalt) Feldkirch

waren und nun versuchten, von hier in die Schweiz zu gelangen.

Juden und Polen wurden in den Gefängnissen am schlechtesten behandelt. Juden mussten auch dort den Judenstern tragen, Polen wurden durch ein auf ihre Kleidung aufgenähtes „P" gekennzeichnet. Polen und Juden unterstanden dem so genannten Polenstrafrecht, das mit „Verordnung vom 4. Februar 1941 über die Rechtspflege gegen Polen und Juden in den eingegliederten Ostgebieten" eingeführt worden war. Der Rechtshistoriker Hermann Nehlsen sieht in dieser Verordnung das „wohl grausamste Zeugnis nationalsozialistischer Strafgesetzgebung".[57] Nahezu aller Rechte beraubt, unterstanden Polen und Juden einem Sonderstrafrecht, das für fast jedes Delikt die Todesstrafe vorsah. „Polen und Juden werden auch bestraft, wenn sie (…) eine Tat begehen, die nach den in den Ostgebieten bestehenden Staatsnotwendigkeiten Strafe verdient", heißt es in dieser Verordnung. Aber was „verdiente" damals nicht alles Strafe und was war nicht alles „Staatsnotwendigkeit"!

Polen und Juden waren für das nationalsozialistische Regime Untermenschen. „Juden haben keine Ehrenrechte, gegen sie kann daher nicht auf Ehrverlust (...) erkannt werden."[58] „Die Anrede Herr ist gegenüber Polen und Juden nicht angebracht."[59] „Ich bitte dafür zu sorgen, daß das Wort deutsch in Verbindung mit Juden nicht mehr gebraucht wird."[60] „Polen sind nicht als ‚polnische Staatsangehörige', sondern nur als ‚Polen' zu bezeichnen."[61] Solche und ähnliche Anweisungen haben die Gerichte damals bekommen, auch das Landgericht Feldkirch.

Die Entrechtung der Juden schritt auch nach der Unterstellung unter das Polenstrafrecht weiter fort. Die 13. Verordnung zum Reichsbürgergesetz vom 1. Juli 1943 schloss die Juden vom gerichtlichen Strafrecht gänzlich aus und dekretierte: „Strafbare Handlungen von Juden werden durch die Polizei geahndet." Ab diesem Zeitpunkt war für Juden nur mehr die Gestapo, die Geheime Staatspolizei, zuständig.

Die Gestapo war ein Staat im Staat, der sich ohne gerichtliche Kontrolle vollständig in Hand der Polizei befand. Nicht parlamentarisch zustande gekommene Gesetze, sondern „der Führerwille" war rechtliche Grundlage und Grenze der polizeilichen Maßnahmen der Gestapo, deren Aufgabe die Bekämpfung der Gegner des Nationalsozialismus im weitesten Sinne war.

> „Die politische Polizei des nationalsozialistischen Staates ist das zentrale, von der SS ausgebildete staatliche Kampfinstrument, das den Schutz von Volk, Partei und Staat und deren

politischer und weltanschaulicher Entwicklung dadurch gewährleistet, daß es auf politischem und weltanschaulichem Gebiet die Widerstände staatsgefährlicher Kräfte bricht, die sich ihrem Entwicklungsgang entgegenstellen. (...) Und so ist unsere Polizei umfassend in ihrer Allzuständigkeit, scharf in ihren Machtmitteln, aber elastisch gegenüber der lebendigen Entwicklung von Volk und Staat, denen sie dient."

Mit diesen Worten umschreibt ein zeitgenössischer Jurist 1937 die Ziele der nationalsozialistischen Polizei.[62]

Über die Gestapo und ihre Organisation in Vorarlberg schreibt der Historiker Ulrich Nachbaur:

„Sofort nach dem ‚Anschluss' wurde auch in Österreich die Polizei dem Reichsführer SS und Chef der Deutschen Polizei Heinrich Himmler unterstellt und die Neuorganisation nach deutschem Muster in Ordnungspolizei (uniformierte Polizei: Schutzpolizei, Gendarmerie, Gemeindevollzugspolizei) und Sicherheitspolizei (Geheime Staatspolizei und Kriminalpolizei) in Angriff genommen. Mit Runderlass vom 18. März 1938 wandelte Himmler die Sicherheitsdirektionen des Bundes in den Ländern in Staatspolizeistellen (Stapo) der Geheimen Staatspolizei (Gestapo) um, einzig die Agenden der Sicherheitsdirektion für Vorarlberg wurden sofort der Staatspolizeistelle Innsbruck übertragen. Zur Sicherung der Grenzen wurden Grenzpolizeikommissariate in Innsbruck (später am Brenner) für Tirol und in Feldkirch für Vorarlberg als Außenbehörden der Stapo Innsbruck errichtet. Denn auch die Grenzpolizei unterstand der Gestapo. Sie gliederte sich in Grenzkommissariate (Greko) mit nachgeordneten Grenzpolizeistellen. Ihren ersten Hauptstützpunkt in Vorarlberg bildete die Gestapo mit der Übernahme der österreichischen Grenzkontrollstelle am Bahnhof Feldkirch. Auf Wunsch der Vorarlberger Landesregierung genehmigte die Staatspolizeistelle Wien am 7. April 1938 die Errichtung einer Außendienststelle der Staatspolizeileitstelle Innsbruck in Bregenz, mit der das Grenzpolizeikommissariat Feldkirch vereinigt wurde. Diese Stapo-Außenstelle mit der irreführenden Bezeichnung ‚Grenzpolizeikommissariat Bregenz' war nicht nur mit der Grenzpolizei, sondern mit der Bearbeitung aller Angelegenheiten der Geheimen Staatspolizei für ganz Vorarlberg beauftragt. Das Grenzpolizeikommissariat Bregenz (Römerstraße 7) war ‚die Gestapo' in Vorarlberg, der Grenzpolizeikommissar ‚der Gestapochef'. Zur Wahrnehmung der Grenzpolizei verfügte sie über Grenzpolizeistellen in Feldkirch-Bahnhof, Feldkirch-Tisis, Lustenau und Höchst. Hauptaufgabe der Gestapo war die ‚Gegnerbekämpfung', nicht zuletzt die Überwachung der Zwangsarbeiter, die zu Tausenden auch nach Vorarlberg verschleppt wurden. Zur ‚Disziplinierung' errichtete die Gestapo 1941 das ‚Arbeitserziehungslager Reichenau' bei Innsbruck. Die Gestapo konnte sich der anderen Sicherheitsbehörden und Wachkörper bedienen. Für ‚normale' kriminalpolizeiliche Aufgaben, für das Strafregister, Abschiebung und Abschaffung,

Gefangenenhaus- und -transportwesen sowie die Wirtschaftspolizei blieb die Kriminalpolizei zuständig. Das Sicherheitsbüro der Polizeidirektion Innsbruck wurde zur Kriminalpolizeistelle (Kripo) Innsbruck erhoben, zuständig für Tirol und Vorarlberg. Ihr wurde die ‚Kriminalstelle Feldkirch' als Kriminalabteilung Feldkirch unterstellt (in der Folge auch ‚Außenkommissariat' oder ‚Kriminalkommissariat' Feldkirch bezeichnet). Der Kriminalpolizei standen im Ergebnis dieselben Zwangs- oder Terrormaßnahmen zur Verfügung wie der Geheimen Staatspolizei; der ‚Vorläufigen Festnahme' der Gestapo entsprach die ‚Polizeihaft', der ‚Schutzhaft' die ‚Vorbeugehaft', die ebenfalls in Konzentrationslager führen konnte. Zu ihren Opfern zählten Menschen, die als ‚Gewohnheitsverbrecher', ‚Asoziale' oder ‚Zigeuner' abqualifiziert wurden. Die Gestapo konnte sich der anderen Sicherheitsbehörden und Wachkörper (z. B. Gendarmerie) bedienen."[63]

Grundlage für das Handeln der Gestapo war die „Verordnung des Reichspräsidenten zum Schutz von Volk und Staat vom 28. Februar 1933 (RGBl. I, S. 83)". Diese auch „Reichstagsbrandverordnung" genannte Verordnung war nach dem Brand des Reichstages „zur Abwehr kommunistischer staatsgefährdender Gewaltakte" als Notverordnung erlassen worden und bot dem NS-Staat die juristische Grundlage für die Außerkraftsetzung der Grundrechte der Weimarer Verfassung und die Verfolgung jeglicher Opposition. Denn als kommunistisch im weitesten Sinne wurden alle gegen die nationalsozialistische Ordnung gerichteten Aktivitäten eingestuft, egal ob sie von Kommunisten, Sozialisten, Bibelforschern oder konservativen Gegnern des Regimes ausgingen.

Der in die USA emigrierte Rechtsanwalt und Politologe Ernst Fraenkel hat 1940 den nationalsozialistischen Staat als „Doppelstaat"[64] charakterisiert, als einen Staat, der gleichzeitig „Normenstaat" und „Maßnahmenstaat" war. Unter „Maßnahmenstaat" verstand Ernst Fraenkel „das Herrschaftssystem der unbeschränkten Willkür und Gewalt, das durch keinerlei rechtliche Garantien eingeschränkt ist", unter „Normenstaat" „das Regierungssystem, das mit weitgehenden Herrschaftsbefugnissen zwecks Aufrecherhaltung der Rechtsordnung ausgestattet ist, wie sie in Gesetzen, Gerichtsentscheidungen und Verwaltungsakten der Exekutive zum Ausdruck gelangen."

Lothar Gruchmann schreibt dazu in seinem Standardwerk „Justiz im Dritten Reich":

> „Als Reichskanzler und ab 1934 als Staatsoberhaupt war Hitler Inhaber der Staatsgewalt und Chef des Staatsapparates, der aber nur ein Träger hoheitlicher Gewalt war. Als Führer übte er die ‚Führergewalt' über die nationalsozialistische Bewegung aus, die nach nationalsozialistischer Theorie nicht von der Staatsgewalt abgeleitet, sondern ‚originär' war. Die Bewegung baute durch die NSDAP mit deren Gliederungen und angeschlossenen Verbänden einen eigenen Apparat mit ‚hoheitlicher' Gewalt zur Durchsetzung des Führerwillens auf, dem Hitler zur Erfüllung bestimmter Aufgaben staatliche Funktionen übertragen konnte und der damit das bisherige Monopol des Staatsapparates auf legi-

time Gewaltanwendung brach. Während die staatlichen Behörden und Gerichte auf gesetzlich vorgeschriebener Grundlage, d. h. ‚normativ' arbeiteten, brauchten sich die Organe der Bewegung, die Hitler zur Durchsetzung seines Willens einsetzte, keineswegs an das geltende Recht zu halten. Sie arbeiteten ‚außernormativ'. Ihr Instrument war nicht das Gesetz, sondern die ‚Maßnahme'; durch ihr Eingreifen suspendierten sie die Funktion der staatlichen Organe, die daher unter dem ‚Vorbehalt des Politischen' wirkten. Die Erkenntnis, dass das nationalsozialistische Herrschaftssystem einen ‚Doppelstaat' – ein Ineinandergreifen von unter Vorbehalt arbeitendem ‚Normenstaat' und diesen bei Bedarf jederzeit suspendierendem ‚Maßnahmenstaat' – darstellte, ist für das Verständnis der Beziehungen der Justiz zu ihren wichtigsten Kontrahenten, der SS und der Polizei, wesentlich."[65]

Im „Normenstaat" galten formal Gesetze und Rechtsvorschriften, auch wenn diese inhaltlich – wie das für Juden geltende Sonderrecht – in Gesetzesform gekleidete Unrechtsbestimmungen waren, im „Maßnahmenstaat" galten solche formalen Schranken nicht. Zur Abwehr von als „staatsgefährdend" qualifizierten Aktivitäten konnte die Staatspolizei frei von rechtlichen Schranken die „Schutzhaft" verhängen. Sie allein definierte dabei, was „staatsgefährlich" war. Gerichtliche Entscheidungen konnte sie gegebenenfalls „korrigieren". So kam es vor, dass Beschuldigte unmittelbar nach Verkündung eines Freispruches noch im

Verhandlungssaal in Schutzhaft genommen wurden, wenn die Gestapo dies zur Abwehr einer angeblichen „Staatsgefährdung" für angebracht hielt.

Der Doppelcharakter des NS-Staates als Maßnahmen- und Normenstaat zeigt sich auch in der Haftanstalt des Landgerichtes Feldkirch, wo einzelne Häftlinge der Zuständigkeit der Justiz und andere der Zuständigkeit der Gestapo unterstanden. Tür an Tür befanden sich dort neben gerichtlichen Häftlingen auch solche, die „zur Verfügung der Gestapo" standen.

Der Direktor des Gefangenenhauses, der in einer Dienstwohnung im Gerichtsgebäude wohnte, machte nach dem Krieg über das Verhalten der Gestapo in der Haftanstalt von Feldkirch als Zeuge am 26. Juli 1946 folgende Angaben:

> „Es ist mir in den vergangenen Jahren vielfach geklagt worden, dass Häftlinge von der Gestapo geschlagen worden sind. Eine Polin hat mir auch einmal 12 Striemen an ihrem Körper gezeigt, die ihr von der Kriminalpolizei beigebracht worden sind. (...) Es war durchaus nicht selten, dass Häftlinge im Verhörzimmer von der Gestapo geschlagen wurden. Dagegen konnte ich nichts unternehmen, so wie die Verhältnisse damals waren. (...) Ich wohne neben den Räumen, die früher der Kriminalpolizei zur Verfügung standen. Unser Schlafzimmer liegt neben dem Zimmer, das die Kriminalpolizei als Verhörzimmer benützt hat. Dort konnte man tatsächlich auch oft schreien hören. (...) Die Gestapo ließ sich da nicht dreinreden."[66]

Seine Frau gab an:

> „Von unserem Schlafzimmer sieht man in den Raum, der eine Zeit lang von der Kriminalpolizei als Vernehmungszimmer benützt wurde. Ich habe dort einmal mit eigenen Augen beobachtet, wie ein junger Mann mit entblößtem Oberkörper drinnen stand und voller Striemen am Leib war. Er muss also schwer geschlagen worden sein. Schreien und Wehklagen hat man aus diesem Zimmer öfter gehört."[67]

Ein Wachebeamter des Gefangenenhauses gab nach dem Krieg an, Schreie habe man auch öfters in der Nacht gehört, wenn jüdische Familien eingeliefert und getrennt worden seien.

Heinrich Heinen wurde dem „Normenstaat" zugeführt. Der Oberstaatsanwalt beim Landgericht Feldkirch leitete gegen ihn ein Ermittlungsverfahren wegen Rassenschande, Wehrdienstentziehung und Verstoßes gegen die Passstrafenverordnung ein. „Die Geheime Staatspolizei erhebt keine Einwendungen, wenn gegen Heinen, der sich augenblicklich in Schutzhaft befindet, die Untersuchungshaft verhängt wird", heißt es in einem Vermerk des Oberstaatsanwaltes vom 22. Juli 1942. Heinen wurde in Untersuchungshaft genommen und hatte daher ein gerichtliches Verfahren mit zumindest eingeschränkten Rechten und Verteidigungsmöglichkeiten und einer Überprüfung der Anklage durch drei Richter zu erwarten.

Edith Meyer hingegen wurde dem „Maßnahmenstaat" zugeführt. Als Jüdin zählte sie von vornherein zu den Feinden des Nationalsozialismus, für deren

Bekämpfung die Gestapo zuständig war. Ein gerichtliches Verfahren war für sie nicht vorgesehen. Der Oberstaatanwalt beim Landgericht Feldkirch hielt denn auch in einem Aktenvermerk vom 22. Juli 1942 fest: „Das Verfahren gegen die Jüdin Edith Sarah Meyer, die nach einer Mitteilung der Geheimen Staatspolizei in ein Konzentrationslager eingewiesen wird, wird nach Ziff IV der Verordnung über die Strafrechtspflege gegen Polen und Juden in den eingegliederten Ostgebieten vom 4. Dezember 1941 (RGBl I. S. 759) eingestellt."

Ziffer IV der Polenstrafrechtsverordnung lautete: „Der Staatsanwalt verfolgt Straftaten von Polen und Juden, deren Ahndung er im öffentlichen Interesse für geboten hält." Da Edith Meyer von Anfang an in ein Konzentrationslager eingewiesen werden sollte, war eine gerichtliche Strafverfolgung „nicht geboten". Die Durchführung eines solchen Verfahrens hätte nur unnötigen Aufwand verursacht.

Noch war es aber nicht soweit. Edith Meyer wurde von der Gestapo erst am 29. August 1942 aus der Haftanstalt von Feldkirch in das Polizeigefängnis nach Innsbruck verbracht. Mehr als 2 Monate verbrachte sie daher als „Schutzhäftling" der Gestapo in der Haftanstalt von Feldkirch.

Über das Leben von Heinrich Heinen und Edith Meyer in der Haftanstalt lässt sich wenig sagen. Wahrscheinlich haben sie sich dort nie gesehen, auch nicht aus großer Entfernung durch das Fenster ihrer Gefängniszelle bei der „Bewegung im Freien", die nach den damaligen Vorschriften zumindest gelegentlich vorgesehen war. Denn die Spazierhöfe für Frauen und Männer waren getrennt und für sie kaum einsehbar.

Erhalten gebliebene Berichte über Visitationen, die die für die Haftanstalt zuständige Generalstaatsanwaltschaft von Innsbruck durchführte, lassen Rückschlüsse über die Lebensbedingungen der Häftlinge zu. Aus ihnen ergibt sich, dass das Heeresbekleidungsamt München waggonweise alte Uniformen in die Haftanstalt von Feldkirch schickte, die dort zertrennt wurden. Für die Messerschmidt-Werke mussten die Häftlinge von Feldkirch Schrauben sortieren. Auch das Zerlegen von Ausrüstungsgegenständen und „Beutegut" gehörte zu ihren Arbeiten. Manchmal hatten die Häftlinge auch nicht kriegswichtige Arbeiten wie Perlenstickereiarbeiten zu verrichten. Mehrere Häftlinge wurden regelmäßig auch im städtischen Landgut Nofels zu landwirtschaftlichen Arbeiten eingesetzt.

Bei den Visitationen wurde wiederholt auch die Häftlingskost überprüft. Mehrfach wurde festgehalten, die Häftlingskost sei „schmackhaft zubereitet". Als Speisen wurden dabei erwähnt: „Kartoffel, saure Rüben und Brot", „Fleischleibchen mit Gemüse" und „Roggengrützensuppe, Fleischleibchen, Kartoffelpüree und Kraut". Das Essen wurde in Blechnäpfen verabreicht.

Als Jüdin hatte Edith Meyer nur Anspruch auf „Judenkost". Dies bedeutete, dass sie kein Fleisch bekam.

Rassendiskriminierung und Rassenschande

„Man hat ihnen die Berufe genommen, das Besitztum gestohlen, sie durften nicht erben oder vererben, sie durften nicht auf Parkbänken sitzen oder einen Kanarienvogel halten, keine öffentlichen Verkehrsmittel benutzen, keine Restaurants, keine Konzerte, Theater oder Kinos besuchen, für sie galten bestimmte Rassegesetze, ihnen wurden sämtliche staatsbürgerlichen Rechte entzogen, die Freizügigkeit wurde ihnen genommen, ihre Menschenrechte und ihre Menschenwürde wurden in den Staub getreten, bis sie in Konzentrationslager deportiert wurden und in Gaskammern kamen. Hitler und sein Drittes Reich begingen diese Verbrechen von 1933 bis 1945. Die Opfer waren Juden, Halbjuden, Vierteljuden, Geltungsjuden, Glaubensjuden. Der gelbe Judenstern kennzeichnete sie. Es waren Raubmorde, die das nationalsozialistische Regime an ihnen verübte, nur ein Teil konnte entkommen."

Robert M. W. Kempner, stellvertretender US-Hauptankläger bei den Nürnberger Prozessen, schreibt dies in der Einleitung zu einer Sammlung von Gesetzen, Verordnungen, Richtlinien, Erlässen und Verfügungen, die dem nationalsozialistischen Regime als „Rechtsgrundlage" für die Verfolgung und Vernichtung der Juden in Deutschland dienten.[68] Hunderte derartiger Gesetze und Maßnahmen wurden von Gerichten, Behörden, Polizeidienststellen und staatlichen Organen vollzogen und zeigen: der nationalsozialistische Staat war ein Unrechtsstaat, in dem der gesamte Staatsapparat an der Verfolgung und Entrechtung der jüdischen Bevölkerung beteiligt war.

Um deutsche Staatsbürger jüdischer Herkunft ihrer Rechte zu berauben und einem nur für sie geltenden Sonderrecht zu unterstellen, war es nötig, sie als „Juden" zu definieren. Die rechtliche Grundlage für die Unterscheidung in „Deutsche" und „Juden" schufen die auf dem 7. Reichsparteitag der NSDAP in Nürnberg am 15. September 1935 beschlossenen „Nürnberger Rassengesetze". Sie wurden nach dem Zusammenbruch des NS-Regimes im Nürnberger Prozess gegen die Hauptkriegsverbrecher als gesetzgeberisches Mittel der Judenunterdrückung qualifiziert.

Das zu den „Nürnberger Rassengesetzen" zählende *Reichsbürgergesetz* und die dazu ergangenen Durchführungsverordnungen definierten, wer als *Volljude, Halbjude, Vierteljude, Geltungsjude* oder *Glaubensjude* anzusehen sei. Dort wurde festgelegt, auf welche der bis dahin allen deutschen Staatsbürgern, unabhängig von ihrer Religion und Herkunft, zustehenden Rechte diese nunmehr kein Anrecht haben sollten.

Als sich Heinrich Heinen und Edith Meyer im Jahr 1938 kennen lernten, wuchs die Bevölkerung des „Deutschen Reiches" durch den „Anschluss" Österreichs auf 76 Millionen. Mit den durch den „Anschluss" hinzugekommenen 180.000 österreichischen Juden machten die jüdischen Bürger 0,63 Prozent der Gesamtbevölkerung des Deutschen Reiches aus[59]. Wie sehr diese Minderheit unter der auf Verfolgung, Ausgrenzung und Entrechtung ausgerichteten rassistischen Politik und dem für Juden geltenden Sonderrecht zu leiden hatte, zeigt auch das Schicksal von Edith Meyer und ihrer Familie.

Zunächst war es notwendig, Deutsche jüdischer Herkunft nach außen hin für jedermann als „Juden" sichtbar zu machen, sie als „Juden" zu kennzeichnen und sie sozial und rechtlich von „Deutschstämmigen" zu trennen, zu isolieren und diesen gegenüber zu diffamieren. Diesem Ziel diente die „Namensänderungsverordnung vom 17. August 1938", mit der Deutsche jüdischer Herkunft bereits an ihrem Vornamen als „Juden" erkennbar gemacht werden sollten. Für Juden wurde mit dieser Verordnung ein „unentrinnbares Namensghetto"[70] geschaffen. Richtlinien zur Führung von Vornamen wurden erlassen und ein Verzeichnis der „Judennamen" angelegt. Deutsche durften „Judennamen" nicht mehr tragen und selbst im Telefonverkehr durften sie „jüdische Namen zum Buchstabieren" nicht benützen.[71] Akribisch wurde dabei auch begründet, warum Namen hebräischen Ursprungs wie Joachim, Josef, Jakob, Matthias, Adam, Gabriel, Michael, Rafael, Eva oder Maria nicht mehr „Judennamen", sondern „deutsche Namen"[72] seien. Wer keinen „typisch jüdischen" Vornamen hatte, war ab 1. Januar 1939 verpflichtet, einen „typisch jüdischen" Vornamen anzunehmen. Für Männer war dies „Israel", für Frauen „Sara". Im Rechts- und Geschäftsverkehr mussten diese Vornamen unter Strafandrohung verwendet werden. So wurde aus Edith Meyer *Edith Sara Meyer* oder auch nur *Sara Meyer*. Sie ist daher gemeint, wenn es in den Akten über Heinrich Heinen heißt: „Seine Verwegenheit offenbarte sich in der *Befreiung* seiner Braut Sarah Meier aus dem Ghetto in Riga (...)"

Die für Juden eingeführten Namensvorschriften waren ein Vorgriff auf den „Judenstern", den Juden auf Grund der „Polizeiverordnung über die Kennzeichnung der Juden vom 1. September 1941" ab diesem Zeitpunkt in der Öffentlichkeit tragen mussten. „Der Judenstern besteht aus einem handtellergroßen, schwarz ausgezogenen Sechsstern aus gelbem Stoff mit der Aufschrift ‚Jude'. Er ist sichtbar auf der linken Brustseite des Kleidungsstücks aufgenäht zu tragen", heißt es in dieser Verordnung. Wie sehr diese Bestimmung zur Unterbindung lange bestehender Kontakte und zur sozialen Isolierung der „Sternträger" führte, zeigt die Aussage von Ediths Cousine Helene Krebs vom 18. August 1942 vor der Gestapo Wuppertal: „Als 1941 die Polizeiverordnung über die Kennzeichnung der Juden erlassen wurde und die Meyer auch unter diese Verordnung fiel, habe ich ihr gesagt, daß ich auf meinen Mann Rücksicht nehmen müsse und sie uns nicht mehr besuchen solle. Von dieser Zeit an habe ich die Meyer nicht mehr gesehen."

Der Kennzeichnung der Juden dienten auch die mit Verordnung vom 22. Juli 1938 als polizeilicher Inlandsausweis eingeführten Kennkarten, die mit dem Großbuchstaben „J" und einem Fingerabdruck versehen wurden. Edith Meyer stellte am 5. Januar 1939 einen Antrag auf Ausstellung einer solchen Kennkarte, der erhalten geblieben ist. Der Antrag enthält folgende Personenbeschreibung von Edith Meyer: Gestalt: „schlank", Gesichtsform: „länglichrund", Farbe der Augen: „blaugrau", Farbe des Haares: „graugemischt".

Am schwerwiegendsten von allen Maßnahmen des NS-Regimes, die Edith Meyer erleiden musste, war ihre Deportation, vom NS-Regime beschönigend „Evakuierung" genannt, nach Riga. Mit dieser Deportation wurde Edith aus dem Land ihrer Kindheit und Jugend

Der so genannte Judenstern (Daniel Ullrich, Threedots)

vertrieben und verlor den Kontakt zu Eltern, Verwandten und Freunden und musste mit dem Tod rechnen. Mit ihr verlor sie auch die deutsche Staatsbürgerschaft und ihr geringes Vermögen. Denn obwohl sich Deportierte den vom NS-Regime angeordneten Deportationen nicht entziehen konnten, behandelte die „Elfte Durchführungsverordnung zum Reichsbürgergesetz vom 25. November 1941" eine Deportation wie eine freiwillige „Verlegung des gewöhnlichen Aufenthaltes ins Ausland". Für die Deportierten hatte diese infame Regelung zur Folge, dass sie die Staatsbürgerschaft verloren und ihr Vermögen dem Staat verfiel.[73] Denn § 2 dieser Verordnung bestimmte: „Ein Jude verliert die deutsche Staatsbürgerschaft (...) wenn er seinen gewöhnlichen Aufenthalt (...) im Ausland nimmt, mit der Verlegung des gewöhnlichen Aufenthaltes ins Ausland" und § 3 lautete: „Das Vermögen des Juden, der die deutsche Staatsbürgerschaft auf Grund dieser Verordnung verliert, verfällt mit dem Verlust der Staatsangehörigkeit

Von Edith Meyer unterfertigter Antrag auf Ausstellung
einer Kennkarte (Stadtarchiv Langenfeld)

dem Reich. Dem Reich verfällt ferner das Vermögen
der Juden (…) wenn sie ihren gewöhnlichen Aufenthalt im Ausland haben oder nehmen." Edith Meyer
besaß kein Vermögen, wohl aber hatte sie eine Aussteuer, Gegenstände, die sie für die Gründung einer
eigenen Familie und eines eigenen Hausstandes erworben oder geschenkt bekommen hatte. Mit ihrer Deportation bekam nun der Staat Anspruch auf diese Gegenstände. Da Edith ihre Aussteuer bei Paula und Willi

Berntgen in Solingen-Ohligs eingestellt hatte, dauerte es allerdings noch einige Zeit, bis diese Gegenstände dem Staat bekannt wurden und er sich, wie später noch darzustellen sein wird, im Wege des Finanzamtes von Opladen in deren Besitz setzen konnte.

Beinahe wäre all das Leid, das die nationalsozialistische Rassenpolitik über Edith Meyer und ihre Familie brachte, abgewendet worden. Alice Meyer, Ediths Schwester, die 1936 in die USA emigriert war, hatte nämlich am 14. Februar 1941 für Edith und ihre Eltern einen Geldbetrag als „deposit" bezahlt, um ihnen die Ausreise in die USA zu ermöglichen. Mit dem von ihr erlegten Geldbetrag hätte die Schiffsreise für drei Personen nach Amerika bezahlt werden können.[74] Wegen des im Jahre 1941 für Juden verfügten Ausreiseverbots konnten Edith und ihre Eltern davon jedoch keinen Gebrauch mehr machen und Deutschland nicht mehr verlassen. Als dann der Krieg vorüber und Edith und ihre Mutter tot waren, wurde das von Ediths Schwester erlegte „deposit" an Alice Meyer „refunded".

Das junge Leben von Edith Meyer war aber seit ihrem 18. Lebensjahr überschattet vom Verbot ihrer Liebe zu Heinrich Heinen, den sie im Jahre 1938 in Köln kennen gelernt hatte. Jede Begegnung, jede Umarmung, jeder Kuss war verboten und konnte zu Strafe und öffentlicher Anprangerung führen. Jedes Zusammentreffen der beiden Liebenden musste unter Heimlichkeiten geschehen und war bedroht von Entdeckung und Festnahme. Ihre Liebe galt dem Regime als „Rassenschande".

Die nationalsozialistischen Rassengesetze basierten auf der Vorstellung von der angeblichen geistigen und kulturellen Überlegenheit der „Arier", der „Germanen" und der „nordischen Rasse". Im Arier sah Hitler den

Kulturträger der Menschheit schlechthin, der, wie er in seinem in der Haftanstalt Landsberg geschriebenen Buch „Mein Kampf" darzustellen versuchte, zur Beherrschung der anderen Wesen dieser Erde berufen sei. Jede Blutsvermischung des Ariers mit Angehörigen niedrigerer Völker führe zur Schwächung der arischen Rasse. Den gewaltigsten Gegensatz zum Arier sah Hitler in den Juden, deren Bekämpfung er von Anfang an zum primären Ziel der rassistischen Politik des Nationalsozialismus machte.

Das auf dem 7. Reichsparteitag der NSDAP in Nürnberg am 15. September 1935 beschlossene und meist abgekürzt als „Blutschutzgesetz" bezeichnete „Gesetz zum Schutze des deutschen Blutes und der deutschen Ehre" verbot in § 1 „Eheschließungen zwischen Juden und Staatsangehörigen deutschen oder artverwandten Blutes" und in § 2 den „außerehelichen Verkehr" zwischen solchen Personen. § 5 enthielt Strafbestimmungen für Zuwiderhandlungen gegen diese Verbote. Danach wurde mit „Zuchthaus" bestraft, wer dem Eheschließungsverbot zuwiderhandelte. „Mit Gefängnis oder mit Zuchthaus" wurde bestraft, wer das Verbot des außerehelichen Verkehrs missachtete. Der Strafrahmen für „Rassenschande", wie der außereheliche Verkehr „zwischen Juden und Staatsangehörigen deutschen oder artverwandten Blutes" bezeichnet wurde, reichte von einem Tag Gefängnis bis zu fünfzehn Jahren Zuchthaus.

Die „Reinheit des deutschen Blutes" war ein zentraler Mythos der nationalsozialistischen Rassenpolitik. Die Vorstellungen, die dahinter standen, zeigt ein Urteil des 4. Strafsenates des Reichsgerichtes vom

14. Oktober 1938, wo es zum Sinn des Blutschutzgesetzes Folgendes heißt:

> „Gegenstand des Schutzes ist (…) das im deutschen Volke kreisende, zu ständiger Vermischung bestimmte deutsche Blut als ein lebendiger Organismus. Gerade diese Zusammenfassung des deutschen Blutes, der Rasse zu einer blutsgebundenen Einheit ist der Grundgedanke und der Ausgangspunkt des Gesetzes (…). Aus einer solchen Schau und Zielsetzung folgt aber zwingend, daß das deutsche Staatsvolk als blutmäßig einheitlicher Organismus regelmäßig unmittelbar verletzt oder gefährdet wird, wenn an einem seiner Glieder, nämlich einer Staatsangehörigen deutschen Blutes, Rassenschande begangen wird." [75]

Nach § 5 Abs. 2 des „Blutschutzgesetzes" machte sich allerdings nur der dem Verbot zuwiderhandelnde Mann strafbar. Die Frau blieb straflos. Dies beruhte auf der Vorstellung, dass der Mann beim „außerehelichen Verkehr" regelmäßig der bestimmende Teil sei, was Hitlers Verständnis vom Verhältnis von Mann und Frau im Ehe- und Geschlechtsleben entsprach.[76] Die „Verordnung zur Ergänzung der Ersten Ausführungsverordnung zum Blutschutzgesetz vom 16. Februar 1940" bestimmte daher im § 2 ausdrücklich: „Für das Verbrechen der Rassenschande ist der Mann verantwortlich. Daher kann die beteiligte Frau auch nicht wegen Teilnahme oder Begünstigung (…) bestraft werden."

Dass der Oberstaatsanwalt beim Landgericht Feldkirch ein Strafverfahren wegen Rassenschande nur gegen Heinrich Heinen und nicht auch gegen Edith Meyer einleitete, ist daher nicht primär darauf zurückzuführen, dass Edith Meyer als Jüdin ohnedies in ein Konzentrationslager eingewiesen werden sollte, sondern darauf, dass sie eine Frau war.

Heinrich Heinen hingegen musste einer Verurteilung wegen Rassenschande entgegensehen.

Heinens Verurteilung

Über einen mit quadratischen Tonfliesen in roter Farbe ausgestatteten Gang wurde Heinrich Heinen am Donnerstag, dem 27. August 1942, um 16.00 Uhr von der Haftanstalt in den im ersten Stock des Landgerichtes gelegenen Verhandlungssaal 56 geführt, wo der Prozess gegen ihn wegen Rassenschande, Wehrdienstentziehung und Passvergehens stattfand.

Quadratische Tonfliesen bestimmen bis heute die Gänge des Gerichtsgebäudes von Feldkirch. Dem aus Böhmen stammenden Architekten des „Justizpalastes", Ernst Dittrich, war das Quadrat wichtig. Ihm wurde stilistisch eine Verwandtschaft zu dem in Wien „Quadratl-Hoffmann" genannten Jugendstilarchitekten Josef Hoffmann nachgesagt. Wie dieser setzte auch Dittrich beim Bau und der Einrichtung des Gerichtsgebäudes von Feldkirch immer wieder das Quadrat als formales Gestaltungselement und wiederkehrendes Motiv ein. Damit stellte er auch einen Sinnbezug zur Tätigkeit der Gerichte her, symbolisieren Quadrate doch Gleichheit nach allen Seiten und Teilen hin. Eben das, was Gerichte tun sollen: vor dem Gesetz alle gleich behandeln.

Der nationalsozialistischen Justiz war diese Symbolik nicht wichtig. Die rassisch bestimmte Ungleichbehandlung der Menschen war ja erklärtes Ziel des Staates. Begründet wurde diese mit der angeblichen biologischen und kulturellen Überlegenheit der Deutschen. Manchmal wurden auch völlig absurd anmutende Argumente zur Rechtfertigung dieser Diskriminierung verwendet, wie ein Schreiben des Vorsitzenden des

Hauptstiege und Gang des Landesgerichtes Feldkirch vor dem Verhandlungssaal 56/I, Zustand 1908 (Aus: Emil Ritter von Förster, Das neue Kreisgerichtsgebäude in Feldkirch, in: Allgemeine Bauzeitung, Bd. 73, 1908, S. 173 f.)

Sondergerichtes Nürnberg-Fürth aus dem Jahr 1939 zeigt, in dem sogar der Gerichtsgang als Kulturphänomen bemüht wurde, um den Ausschluss von Juden aus dem Verhandlungssaal zu rechtfertigen. Der Gerichtsgang, schrieb der Vorsitzende dieses Gerichtes, sei „eine der ältesten deutschen Kulturerscheinungen". „Deutschen Menschen" sei es daher nicht zuzumuten, „mit Juden in einer durch den Gerichtsgang geschaffenen Gemeinschaft zu sein (...) Geschichtlich und völkisch" stelle „die Aufnahme von Juden in die Gemeinschaft der Zuhörer des Gerichts eine Entehrung des Gerichtsganges dar (...)."[77]

Über einen solcherart „gerühmten" Gerichtsgang wurde Heinrich Heinen am späten Nachmittag des 27. August 1942 von Wachebeamten der Haftanstalt in den Verhandlungssaal 56 geführt. Bis heute finden in diesem Saal nahezu täglich Strafverhandlungen statt.

Damals war es allerdings ein „Sondergericht", vor dem sich Heinrich Heinen verantworten musste.

Sondergerichte wurden in Deutschland im März 1933 für spezielle Straftatbestände nach der „Reichstagsbrandverordnung vom 28. Februar 1933" und der „Heimtückeverordnung vom 21. März 1933" eingeführt. Später wurde ihre Zuständigkeit mehrfach erweitert. Es kamen Straftatbestände nach der „Kriegssonderstrafrechtsverordnung vom 17. August 1938", der „Rundfunkverordnung vom 1. September 1939" und der so genannten „Volksschädlingsverordnung vom 5. September 1939" hinzu. Feinde des Nationalsozialismus sollten durch Sondergerichte „schnell" und „rechtsmittellos" verurteilt werden. Den Verurteilten standen keine Rechtsmittel zu. Nur der Staatsanwalt konnte zum Nachteil eines Verurteilten oder Freigesprochenen das Reichsgericht anrufen, wenn ihm ein Urteil falsch oder zu milde erschien. Nur „scharfe" und „zuverlässige" Richter, „verläßliche Nationalsozialisten" sollten in die jeweils aus drei Richtern bestehenden Senate berufen werden.

Im Gebiet der „Ostmark" wurden Sondergerichte im Jahr 1939 eingeführt. Sie sollten auch hier als Schnellgerichte fungieren, die innert weniger Tage über eine Anklage zu entscheiden hatten. Schnell sollten auch die Urteile vollzogen werden. „Der standrechtliche Charakter ist ein Wesensmerkmal der Sondergerichte" heißt es dazu in einem Erlass, den auch das Landgericht Feldkirch erhielt.[78]

Die von den Sondergerichten verhängten Strafen waren in der Regel überaus streng und hart. Sowohl im Altreich als auch in der Ostmark verhängten Sondergerichte eine erschreckend hohe Zahl an Todesurteilen. Beim Landgericht Feldkirch wurde das Sondergericht am 18. September 1939 eingerichtet. Es verhängte bis zum Zusammenbruch des Nationalsozialismus elf Todesurteile, von denen zehn vollstreckt wurden.

Im Verfahren gegen Heinrich Heinen stand das Sondergericht unter dem Vorsitz des Präsidenten des Landgerichtes Dr. Heinrich Eccher. Als Beisitzer fungierten Landgerichtsdirektor Dr. Otto Böhm und Oberlandesgerichtsrat Dr. Siegfried Ratzenböck. Anklagevertreter war Oberstaatsanwalt Dr. Herbert Möller.

Was ist über Heinens Richter und den Ankläger bekannt?

Der Vorsitzende des Senates Dr. Heinrich Eccher wurde 1882 in Cavalese geboren, einem kleinen Ort in Südtirol, das damals noch zur Habsburgermonarchie gehörte. Schon Ecchers Vater und Großvater waren Richter. Er selbst wurde 1911 zum Richter ernannt. Seine Laufbahn verbrachte er überwiegend in Vorarlberg. Von adeliger Herkunft – sein voller Familienname lautete „Eccher ab Eccho – Marienburg", war er noch ganz den Konventionen der Habsburgermonarchie verhaftet. „Ergebenster Diener" soll eine von ihm häufig gebrauchte Höflichkeitsformel gewesen sein. Ein ergebenster Diener war er auch der NSDAP, der er schon im März 1933, kurz bevor sie in Österreich verboten wurde, beitrat. Als alter Nationalsozialist machte er nach dem „Anschluss" Österreichs an das Deutsche Reich Karriere: am 1. Januar 1939 wurde er Präsident des Landgerichtes. In dieser Eigenschaft wurde ihm auch der Vorsitz beim Sondergericht in Feldkirch übertragen. Weil er aus Südtirol stammte, wurde er zeitweilig auch dem „Obersten Kommissar der Operationszone Alpenvorland" zur Ausübung der Sondergerichtsbarkeit in Bozen, Trient und Belluno zugeteilt. Im Personalakt des Reichsjustizministeriums wird er als liebenswürdig und gutmütig beschrieben:

> „Sein gutes Herz, sein stetes Bestreben, niemand zu kränken und jedem zu helfen, läßt ihn zu Zeiten die notwendige Energie vermissen, er sucht, alle Schwierigkeiten möglichst auf dem reibungslosesten Weg zu überwinden (...) Nach außen hin ist Dr. Eccher eine gute, repräsentativ wirkende Erscheinung. In seinem Wesen ist er von einer temperamentvollen, stets heiteren und einnehmenden Liebenswürdigkeit. (...) er ist ein überzeugter und stets einsatzbereiter Nationalsozialist."[79]

Nach dem Krieg musste er im Zuge der Entnazifizierung am 31. Mai 1947 aus dem richterlichen Dienst ausscheiden.

Der Beisitzer Dr. Otto Böhm wurde am 22. März 1886 in Konstanz geboren. Sein Vater war Kaufmann. In der Habsburgermonarchie war Böhm Militärrichter. Böhm war national eingestellt und Anhänger der Idee eines Zusammenschlusses aller Deutschen. Der NSDAP trat er am 1. Januar 1940 bei. Er sei dem NS-Staat „voll und ganz ergeben", heißt es über ihn im Personalakt des Reichsjustizministeriums. Im Zuge der Entnazifizierung verlor er sein Richteramt. Die zur Überprüfung seiner Tätigkeit während der NS-Zeit berufene Sonderkommission ging zwar davon aus, dass er ein sehr milder Richter gewesen sei, dem die Verhängung harter Strafen von seinem inneren Wesen her widersprochen habe, hielt ihn aber dennoch für den weiteren Justizdienst nicht für tragbar. Auch stellte sie fest, dass er zum stellvertretenden Vorsitzenden des Sondergerichtes in Feldkirch nicht nur wegen seiner NSDAP-Mitgliedschaft bestellt worden war, sondern vor allem wegen seiner langjährigen Erfahrung als Strafrichter.[80]

An der Person des dritten Richters des Senates zeigt sich die Verstrickung, in die auch dem Nationalsozialismus ablehnend gegenüber stehende Richter in der damaligen Zeit geraten konnten. 1888 in Salzburg geboren, war Dr. Siegfried Ratzenböck ab März 1922 Richter in Salzburg. Dort wurde er wegen seiner Ablehnung des Nationalsozialismus – die Gestapo bezeichnete ihn als „fanatischen Gegner und Hasser des Nationalsozialismus" – am 16. März 1938 aus einer Verhandlung heraus vom Dienst suspendiert und, wie Ratzenböck später schrieb, „unter entehrenden Umständen aus dem Amt geworfen". Ratzenböck war zahlreichen Beschimpfungen auf der Straße und in Lokalen ausgesetzt. Durch Wochen drohte ihm die Verbringung nach Dachau. Nach einjähriger Suspendierung wurde er schließlich auf Grund der „Verordnung zur Neuordnung des österreichischen Berufsbeamtentums mit Wirkung vom 21. März 1939" an das Landgericht Feldkirch zwangsversetzt. Hier war er als Zivilrichter tätig. In Strafsachen sollte er wegen seiner Gegnerschaft zum Nationalsozialismus nicht eingesetzt werden. Zum Mitglied des Sondergerichtes wurde er am 1. Juni 1942 schließlich deshalb bestellt, weil ein bisher ernanntes Mitglied zum Wehrdienst einberufen worden war und bei dem nur mit wenigen Richtern besetzten Landgericht kein anderer Richter zur Ergänzung des aus drei Richtern bestehenden Senates zur Verfügung stand. Als Mitglied des Sondergerichtes war Ratzenböck in der Folge an mehreren Todesurteilen beteiligt, die ihn, wie seine Witwe berichtete, bis zu seinem Tod schwer bedrückten. Im Zuge der Entnazifizierung verlor er sein Richteramt nicht, da ihm zugute gehalten wurde, dass er sich der Bestellung zum Mitglied des Sondergerichtes nicht entziehen hatte können. Die französische Militärregierung, der Vorarlberg nach dem Krieg unterstand, bestellte ihn sogar zum Leiter der Staatsanwaltschaft Feldkirch. Später wurde er Präsident des Landesgerichtes. In dieser Funktion starb er im Jahre 1950.[81]

Die Anklage gegen Heinrich Heinen wurde vom Leiter der Staatsanwaltschaft Feldkirch, Oberstaatsanwalt Dr. Herbert Möller, vertreten. 1902 in Bozen als Sohn eines aus Böhmen stammenden Baumeisters geboren, wurde Möller nach einer kurzen Tätigkeit als Richter am 1. Juli 1932 Staatsanwalt in Wien. Am 19. September 1938 wurde er der Reichsanwaltschaft beim Volksgerichtshof in Berlin dienstzugeteilt. Am 1. März 1939 wurde er zur Staatsanwaltschaft Berlin versetzt, blieb aber weiter beim Volksgerichtshof in Berlin tätig. Mit 1. April 1941 wurde er zum Leiter der Staatsanwaltschaft Feldkirch ernannt. Diese Funktion übte er im Range eines Oberstaatsanwaltes bis zum Zusammenbruch des NS-Regimes aus. Möller war Mitherausgeber einer 1943 erschienenen Ausgabe der Strafprozessordnung „in der für die Alpen- und Donau-Reichsgaue geltenden Fassung". Möller galt als bedingungsloser und fanatischer Anhänger des Nationalsozialismus.

Vor der Befreiung Feldkirchs durch französische Truppen beseitigte er wesentliche Spuren seiner Tätigkeit, was er in einem Aktenvermerk vom 30. April 1945 wie folgt festhielt: „Wegen unmittelbar drohender Feindgefahr und insbesondere wegen drohender Besetzung der Stadt Feldkirch durch feindliche Truppen habe ich heute in der Heizanlage des Landgerichtes Feldkirch sämtliche Vs-Sachen (g- und GRs-Sachen) aus den Jahren 1938 bis 1945 gemäß Punkt 26 der Verschlußsachenanweisung verbrannt".[82]

Nach dem Zusammenbruch des nationalsozialistischen Regimes kam die mit der Überprüfung der Richter und Staatsanwälte von Tirol und Vorarlberg beauftragte Sonderkommission des Oberlandesgerichtes Innsbruck in ihrem Erkenntnis vom 17. Februar 1947 zu der Beurteilung, dass Dr. Herbert Möller nicht die Gewähr dafür biete, „daß er jederzeit rückhaltlos für die unabhängige Republik Österreich eintreten werde" und versetzte ihn deshalb unter Kürzung des Ruhegusses auf ein Drittel in den Ruhestand. Über Möller heißt es dort:

> „Am 3. Mai 1945 wurde Dr. Möller über Veranlassung der Widerstandsbewegung in Haft genommen. Am Wege zur Haftanstalt in Feldkirch wurde er dabei das Opfer schwerer Mißhandlungen seitens der angesammelten Volksmenge, welche ihm sicherlich das Leben gekostet hätten, wäre nicht der Rechtsanwalt Dr. Ender beschwichtigend dazwischen getreten. Der Bericht der Kriminalabteilung von Vorarlberg vom 14. Jänner 1946 führt diesen Ausbruch der Volkswut auf das allbekannte Verhalten Dr. Möllers während der Zeit des Nationalsozialismus zurück. Möller habe in allen Kreisen als fanatischer Anhänger der Bewegung gegolten, der in seiner amtlichen Tätigkeit bei der Staatsanwaltschaft eine besondere Härte, Rücksichtslosigkeit und Unbarmherzigkeit gegenüber Beschuldigten, begleitet mit einem herausfordernden zynischen Auftreten, an den Tag gelegt hätte."[83]

Möller wurde schließlich am 7. März 1948 in den dauernden Ruhestand versetzt. Am 15. Dezember 1954 wurde er jedoch wieder als Staatsanwalt in den Justizdienst aufgenommen. Nach dieser neuerlichen Aufnahme in den Justizdienst war er zunächst bei der Staatsanwaltschaft Wien tätig und wechselte 1959 als Richter an das Oberlandesgericht Wien. Seine Karriere beendete er schließlich am 31. Dezember 1967 als Richter des Obersten Gerichtshofes.[84]

Diese Männer und die Schriftführerin Anna Schatzmann als „Urkundsbeamtin", die später im Fürstentum Liechtenstein einen Richter heiratete, saßen Heinrich Heinen am Nachmittag des 27. August 1942 gegenüber, als er auf der Anklagebank Platz nahm. In der Anklageschrift wurden Heinen mehrere Verbrechen vorgeworfen:

> „das Verbrechen der Rassenschande nach den §§ 2 und 5 Abs. 2 des Gesetzes zum Schutz des deutschen Blutes und der deutschen Ehre vom 15. 9. 1935 (RGBl. I S. 1146), das teils vollbrachte und teils versuchte Verbrechen nach § 1 Abs 1 Nr. 1 und § 7 der Paßstrafenverordnung vom 27. 5. 1942 (RGBl. I S. 378) und § 8 öStG sowie das Verbrechen nach § 5 Abs 1 der Kriegssonderstrafrechtsverordnung vom 17. August 1938 (RGBl. I S. 1455)."

Das Protokoll über die Verhandlung gegen Heinrich Heinen ist nicht erhalten. Wie sich Heinen verantwortet hat, lässt sich daher nur aus dem Inhalt der schriftlichen Urteilsausfertigung nachvollziehen. Danach war er geständig, was als Milderungsgrund berücksichtigt wurde.

Längst war den Gerichten aufgetragen worden, „in Strafsachen gegen Deutsche (...) ohne Juden und Polen als Zeugen auszukommen"[85]. Die Einvernahme von Edith Meyer als Zeugin war daher schon aus diesem Grund nicht vorgesehen. Da Heinen geständig war, war ihre Einvernahme zudem auch nicht erforderlich.

Ob der Vorsitzende des Sondergerichtes bei der Vernehmung von Heinen zum Tatbestand der Rassenschande an seine eigene Frau gedacht haben mag? Diese war in einer früheren Ehe mit einem Juden verheiratet, von dem sie geschieden wurde.

Heinen wurde der ihm angelasteten Verbrechen für schuldig befunden und im Sinne des Antrages des Oberstaatsanwaltes zu fünf Jahren Zuchthaus verurteilt.

Die Dauer der Verhandlung ist nicht genau bekannt. Aus den Eintragungen der Haftanstalt geht jedoch hervor, dass Heinen an diesem Tag um 16.45 Uhr in Strafhaft übernommen wurde. Die Verhandlung kann daher maximal 45 Minuten gedauert haben. Denn erst mit Rechtskraft der Verurteilung konnte Heinen formell von der Untersuchungs- in die Strafhaft übernommen werden.

Der Staatsanwalt muss den Fall juristisch interessant gefunden haben. Monate später legte er jedenfalls die Akte Heinen dem Reichsjustizministerium als „für Prüfungszwecke" geeignet vor. Es ist daher durchaus möglich, dass dieser Fall von Rassenschande einem angehenden Juristen als Prüfungsaufgabe unterbreitet wurde.

Für Heinen bestand keine Möglichkeit, gegen das Urteil Berufung zu erheben, da gegen Urteile der Sondergerichte Rechtsmittel nicht zulässig waren. Nur der Staatsanwalt hätte das Verfahren mit einer außerordentlichen Revision zum Nachteil von Heinen an das

Reichsgericht ziehen können, was hier aber nicht geschah.

In der schriftlichen Ausfertigung wird das Urteil wie folgt begründet:

„Der Angeklagte ist deutscher Staatsangehöriger, zuletzt war er bei den Hentschelwerken in Berlin dienstverpflichtet.

Heinen gibt zu, er habe im Jahre 1938 die in Köln wohnende Volljüdin Edith Sarah Meyer kennen gelernt, habe sich in sie verliebt und intime Beziehungen zu ihr unterhalten. Er ist des weiteren geständig, zu Ostern 1942, ohne im Besitz der vorgeschriebenen Einreiseerlaubnis zu sein, nach Riga gefahren zu sein und seine Braut Meyer heimlich aus dem Ghetto, wohin sie in der Zwischenzeit verbracht worden war, befreit zu haben. Der Angeklagte gesteht schließlich, im Juni dieses Jahres in Konstanz und wenige Tage später in Nofels bei Feldkirch versucht zu haben, die Grenze ohne Ausweispapiere und ohne Erlaubnis zu überschreiten und in die Schweiz zu gelangen, seine Absicht war nach seinem Geständnis das Ausland zu erreichen und die Volljüdin Meyer zu heiraten; allerdings habe er sich seiner Wehrdienstpflicht nicht entziehen wollen, da er nur als a.v. (*Anm.: a.v.: arbeitsverwendungsfähig*) Heimat Ersatzreserve II erkannt worden sei und daher niemals mit einer Einberufung zum Wehrdienst hätte rechnen können.

Der Angeklagte hat sich somit in erster Linie der Rassenschande schuldig gemacht, schon mit Rücksicht auf den langjährigen und oftmaligen

KLs 29/42

Im Namen des Deutschen Volkes!

Das Sondergericht beim Landgericht in Feldkirch hat in der Strafsache gegen Heinrich H e i n e n , geboren am 14. Mai 1920 in Köln, Rheinland, rk., led., Sohn des Nikolaus und der Anna Heinen geb. Maas, deutscher Reichsangehöriger, kaufm. Angestellter, zuletzt wohnhaft in Berlin- Schönefeld, Kreis Teltow, Küreszierstr.20, wegen Verbrechens nach den §§ 2, 5 Abs.2 des Gesetzes zum Schutz des Deutschen Blutes und der Deutschen Ehre vom 15.9.1935- RGBl.I S.1146- etc, in der öffentlichen Sondergerichtsverhandlung am 27. August 1942, an der teilgenommen haben:

als Vorsitzender: Landgerichtspräsident Dr.Bocher,
als Beisitzer: Landgerichtsdirektor Dr.Böhm und Oberlandesgerichtsrat Dr.Hatzenböck,
als Vertreter der Anklagebehörde:Oberstaatsanwalt Dr.Müller,
als Urkundsbeamter: Mahhilde M.Beamten

folgendes

U r t e i l

erlassen:

Der Angeklagte Heinrich H e i n e n wird wegen eines Verbrechens nach §§ 2, 5 Abs.2 des Gesetzes zum Schutze des deutschen Blutes und der deutschen Ehre vom 15.9.1935- RGBl.I. S.1146-, wegen eines teils vollbrachten und teils versuchten Verbrechens nach § 1 Abs.1 Nr.1, § 7 der PasstrafenVO. vom 27.5.1942- RGBl.I S.378- und § 8 S.StG. und eines Verbrechens nach § 5 Abs.1 Nr.3 der KriegssonderstrafrechtsVO. vom 17.August 1938- RGBl.I S.1455- gemäss § 5 der zuletzt genannten Verordnung unter Bedachtnahme auf § 34 S.StG. zu 5 (fünf) Jahren Zuchthaus und zum Ersatze der Kosten des Strafverfahrens und - Vollzuges v e r u r t e i l t .

Gemäss § 55 a S.StG. wird dem Angeklagten die erlittene Vorhaft vom 22. Juni 1942, 22 Uhr 30 bis zum 27.8.1942, 16 Uhr 45 auf die Strafe angerechnet.

G r ü n d e :

Der Angeklagte ist deutscher Staatsangehöriger, zuletzt war er bei den Henschelwerken in Berlin dienstverpflichtet.

Heinen gibt zu, er habe im Jahre 1938 die in Köln wohnende Volljüdin Edith Sarah Meyer kennen gelernt, habe sich in sie verliebt und intime Beziehungen zu ihr unterhalten. Er ist des weiteren geständig, zu Ostern, 1942, ohne im Besitze der vorgeschriebenen Einreiseerlaubnis zu sein, nach Riga gefahren zu sein und seine Braut Meyer heimlich aus dem Ghetto, wohin sie in der Zwischenzeit verbracht worden war, befreit zu haben. Der Angeklagte gesteht schliesslich, im Juni dieses Jahres in Konstanz und wenige Tage später in Hofels bei Feldkirch versucht zu haben, die Grenze ohne Auswanderpapiere und ohne Erlaubnis zu überschreiten und in die Schweiz zu gelangen, seine Absicht war nach seinem Geständnis, das Ausland zu erreichen und die Volljüdin Meyer zu heiraten; allerdings habe er sich seiner Wehrdienstpflicht nicht entziehen wollen, da er nur als u.v.Heimat Ersatzreserve II erkannt worden sei und daher niemals mit einer Einberufung zum Wehrdienst hätte rechnen können.

Der Angeklagte hat sich somit in erster Linie der Rassenschande schuldig gemacht, schon mit Rücksicht auf den langjährigen und oftmaligen Geschlechtsverkehr mit Edith Sarah Meyer ist der Tatbestand eines Verbrechens anzunehmen. Er hat sich aber des weiteren eines Verbrechens der PasstrafenVO. schuldig gemacht, da er die unbefugten Grenzübertritte nur zu dem Zwecke unternommen hat, um seine Beziehungen mit Meyer aufrecht zu halten, mit ihr die Ehe abzuschliessen, wodurch eine Durchkreuzung der Massnahmen der

-2-

Regierung beabsichtigt war. Der Angeklagte ist schliesslich auch des
Verbrechens der Wehrdienstentziehung schuldig zu erkennen, da er
auch als beschränkt Einsatzfähiger zur Ableistung des Wehrdienstes
hätte herangezogen werden können, durch seine Flucht und seine Absichten wollte sich Heinen dauernd seiner Wehrdienstverpflichtung
entziehen. Er war daher in vollen Umfange der Anklage schuldig zu
erkennen.

  Bei der Strafbemessung wurde als erschwerend das Zusammentreffen dreier Verbrechen angenommen, als mildernd lediglich das Geständnis. Die vom öffentl. Ankläger beantragte Strafe von 5 Jahren
Zuchthaus erschien angemessen und wurde daher in diesem Ausmasse festgestellt.

  Die Entscheidung im Kostenpunkt gründet in §§ 464 ff.
RStrO., jene über die Anrechnung der Vorhaft in § 55 a R.StG.

Sondergericht beim Landgericht Feldkirch,
am 27. August 1942.

Der Vorsitzende: Die Beisitzer:
Dr. Rocher e.h. Dr. Böhm e.h. Dr. Hatzenböck e.h.

  Für die Richtigkeit der Ausfertigung:
  Der Leiter der Geschäftsabteilung des Sondergerichtes beim Landgericht Feldkirch:

   Justizinspektor.

Urteil des Sondergerichtes beim Landgericht Feldkirch gegen Heinrich Heinen vom 27. August 1942 (KLs 29/42 LG Feldkirch)

Geschlechtsverkehr mit Edith Sarah Meyer ist der Tatbestand eines Verbrechens anzunehmen. Er hat sich aber des weiteren eines Verbrechens der PasstrafenVO. schuldig gemacht, da er die unbefugten Grenzübertritte nur zu dem Zwecke unternommen hat, um seine Beziehungen mit Meyer aufrecht zu halten, mit ihr die Ehe abzuschließen, wodurch eine Durchkreuzung der Maßnahmen der Regierung beabsichtigt war. Der Angeklagte ist schließlich auch des Verbrechens der Wehrdienstentziehung schuldig zu erkennen, da er auch als beschränkt Einsatzfähiger zur Ableistung des Wehrdienstes hätte herangezogen werden können, durch seine Flucht und seine Absichten wollte sich Heinen dauernd seiner Wehrdienstverpflichtung entziehen. Er war daher in vollem Umfange der Anklage schuldig zu erkennen.

Bei der Strafbemessung wurde als erschwerend das Zusammentreffen dreier Verbrechen angenommen, als mildernd lediglich das Geständnis. Die vom öffentlichen Ankläger beantragte Strafe von 5 Jahren Zuchthaus erschien angemessen und wurde daher in diesem Ausmaße festgestellt."[86]

Nach der Verhandlung wurde Heinrich Heinen von Wachebeamten über den mit quadratischen Tonfliesen versehenen Gang zurück in die spartanisch eingerichtete Zelle 52 der Haftanstalt geführt. Er musste damit rechnen, bereits in den nächsten Tagen zur Verbüßung seiner Strafe in das Zuchthaus von Bruchsal in Deutschland überstellt zu werden.

Dramatische Tage

Während Heinrich Heinen am 27. August 1942 wieder in seinen Haftraum gebracht wurde, bereitete sich seine Mutter in Köln auf eine anstrengende Zugreise vor. Sie wollte ihren Sohn in Feldkirch besuchen. Am Vortag hatte sie deshalb dem Oberstaatsanwalt beim Landgericht Feldkirch folgenden Brief geschrieben:

> Köln, den 26. 8. 1942
>
> Herrn Oberstaatsanwalt beim
> Landgericht Feldkirch
>
> Sehr geehrter Herr Oberstaatsanwalt!
>
> Mein Sohn Heinrich Heinen schrieb mir am 19. dieses Monats, daß ich ihn in der dortigen Strafanstalt mit Ihrer gütigen Erlaubnis besuchen dürfte. In den nächsten Tagen könnte ich die Reise am besten machen, da meine Nichte, die nur wenige Tage Urlaub hat, mit mir fahren will, da ich die Reise nicht mehr allein machen kann. Unter anderen Umständen hätte ich zuerst nochmals bei Ihnen angefragt, ob der Besuch möglich ist. Da nun aber die Zeit drängt, werde ich morgen Abend fahren und Freitag Nachmittag in Feldkirch sein. Ich wäre Ihnen sehr dankbar, wenn ich dann in der Haftanstalt ersehen könnte, zu welcher Stunde Sie den Besuch bei meinem Sohn festgesetzt haben. Ich danke Ihnen, daß Sie es mir möglich machen meinen Sohn zu besuchen.
>
> Mit deutschem Gruß
> Frau Nikolaus Heinen

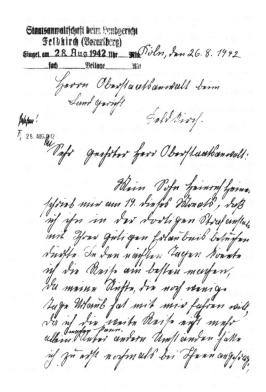

Brief der Mutter von Heinrich Heinen an den Oberstaatsanwalt
von Feldkirch vom 26. August 1942 (KLs 29/42 LG Feldkirch)

Der Brief der Mutter langte am Freitag, dem 28. August
1942, einen Tag nach Heinens Verurteilung, im Büro
des Oberstaatsanwaltes ein. Heinens Mutter muss am
frühen Nachmittag dieses Tages in Begleitung ihrer
Nichte in Feldkirch eingetroffen sein. Ob sie bei ihrem
Eintreffen dort eine Besuchsbewilligung des Oberstaatsanwaltes vorfand und ihren Sohn besuchen konnte, lässt sich nicht mehr feststellen. Nicht bekannt ist
auch, wann sie die Rückreise nach Köln angetreten hat.

Die Mutter ahnte nicht, dass dieser Besuch für sie die letzte Gelegenheit sein sollte, ihren Sohn zu sehen und dass nur wenige Stunden nach ihrer Rückkehr die Nachricht von seinem Tode einlangen würde.

Edith Meyer hat vermutlich nie erfahren, dass ihr Bräutigam wegen seiner Liebe zu ihr zu einer Zuchthausstrafe von fünf Jahren verurteilt wurde. Auch dass Heinens Mutter nach Feldkirch kam, wird ihr nicht zur Kenntnis gelangt sein. Wahrscheinlich hat sie am Freitag, dem 28. August 1942, auch noch nicht gewusst, dass sie am anderen Morgen um 9 Uhr von Gestapobeamten in der Haftanstalt abgeholt und nach Innsbruck verbracht werden würde. Juden wurden solche Verlegungen vorher nicht mitgeteilt. So war es denn: Am Samstag, dem 29. August 1942, um 9 Uhr wurde Edith Meyer von Gestapobeamten abgeholt und in das Polizeigefängnis nach Innsbruck überstellt, wo sie um 15.30 Uhr eintraf.

Heinrich Heinen wusste nicht, dass Edith nach Innsbruck verlegt wurde. Wahrscheinlich war ihm aber bewusst, dass mit seiner Verurteilung eine Zuspitzung der Lage eingetreten war und er von Edith, die er noch in der Haftanstalt wähnte, endgültig getrennt werden würde. Möglicherweise ahnte er, dass auch bei Edith die Stunde der Entscheidung nahte. Jedenfalls muss in diesen Tagen bei Heinen der Entschluss gereift sein, noch einmal alles zu wagen, aus dem Gefängnis auszubrechen, Edith zu befreien und zu versuchen, gemeinsam mit ihr doch noch die rettende Schweiz zu erreichen.

Sieben in einer Zelle

Sieben Männer waren an diesem letzten Wochenende im August 1942 in der im ersten Stock der Haftanstalt von Feldkirch gelegenen Zelle 52. Einer davon musste auf einem Strohsack am Boden schlafen. Aus den verschiedensten Gründen waren sie hier gestrandet, alle geprägt von der Schwere der Zeit. Wer waren die Männer, die mit Heinrich Heinen die Zelle teilten?

Da war Josef Höfel[87], ein neunzehnjähriger Hilfsarbeiter aus Hohenems, der bei der Bahnmeisterei in Bregenz beschäftigt war und dort einen Monatslohn von 110 Reichsmark erhielt. Höfel wohnte bei seiner Mutter. Er hatte mehrere Vorstrafen. Zuletzt war er am 6. Juni 1942 vom 7. Senat des Oberlandesgerichtes Wien, der in Feldkirch tagte, gemeinsam mit vier weiteren Vorarlbergern wegen Vorbereitung zum Hochverrat zu einer Gefängnisstrafe von einem Jahr und neun Monaten verurteilt worden.[88] Höfel wurde die Mitgliedschaft in einer kommunistischen Organisation, die sich „aktivistische Kampforganisation" (abgekürzt AKO) nannte, zur Last gelegt. Ziel der AKO war, wie es in dem Urteil hieß, der „rücksichtsloseste Kampf gegen den Nationalsozialismus". Jedes Mitglied hatte die Pflicht, dem „Naziregime den größtmöglichen Schaden zuzufügen". Dazu waren auch Sprengstoffanschläge, Sabotageakte und Attentate geplant. Zur Verwirklichung solcher Anschläge und Sabotagehandlungen kam es jedoch nicht. Der führende Kopf der Gruppe, Wilhelm Himmer, ein aus Dornbirn stammender Schlosser, wurde vom Volksgerichtshof zum Tode verurteilt und am 8. Juli 1942 in Berlin-Plötzensee hingerichtet. Ein weiteres Mitglied dieser Dornbirner Widerstandsgruppe, Arthur Sohm, kam im Konzentrationslager Mauthausen ums Leben. Höfel, der im Zeitpunkt seines Beitrittes zur AKO noch nicht achtzehn Jahre alt war, sollte für die AKO Spitzeldienste tun und Mitglieder anwerben. Gegen Höfel war beim Landgericht Feldkirch auch noch ein Ermittlungsverfahren wegen Diebstahls anhängig.

Erwin Kermer, ein weiterer Mithäftling, war ein sechzehn Jahre alter Tischlerlehrling aus Wien. Kermer war seit 14. August 1942 in Feldkirch in Haft. Er hatte am 20. Juni 1942 seinen Lehrplatz bei einem Tischlermeister in Wien „grundlos und ohne Kündigung" aufgegeben, was als Arbeitsvertragsbruch unter Strafe stand, und war dann mit einem Freund mit dem Personenzug nach Feldkirch gefahren, „wo sie sich nach der Reichsgrenze erkundigten, um diese unbefugt überschreiten zu können". Die Leitung der von ihm besuchten Hauptschule in Wien XVI bezeichnete ihn als „typischen Tachinierer, der nur für Sport (Fußball) sich interessiert, körperlich äußerlich sehr gut entwickelt, geistig minderwertig, aber kein Beweis für mens sana in corpore sano". Kermer wurde unbefugter Grenzübertritt in die Schweiz, unbefugte Aufgabe eines Lehrverhältnisses und ein Diebstahl zur Last gelegt.[89]

Othmar Rathgeb[90], siebzehn Jahre alt, stammte aus Basel. Er hatte am 18. Juli 1942 in Basel seinen Arbeitsplatz verlassen und unbefugt die Reichsgrenze gegen das Elsass überschritten. Er wollte als Freiwilliger in die deutsche Marine aufgenommen werden. Doch weder dort noch bei der Waffen-SS, wo er sich gleichfalls bewarb, wurde er angenommen. Rathgeb ging daraufhin nach Wien, um Matrose bei der Donau-Dampfschifffahrtsgesellschaft zu werden, erhielt aber auch dort eine Absage. Schließlich wurde er Hilfsarbeiter bei einem Bäckermeister in Linz. Weil es ihm dort

Paul Schwetling, Wehrpass (KLs 12/43 LG Feldkirch)

nicht gefiel und er Heimweh bekam, wollte er zurück in die Schweiz. Auf der Heimfahrt wurde er am 20. August 1942 im Eisenbahnzug zwischen Innsbruck und Feldkirch festgenommen und wegen Passvergehens in die Haftanstalt Feldkirch eingeliefert.

Paul Schwetling, dreißig Jahre alt, stammte aus Labab bei Angerburg, das heute zur polnischen Stadt Wegorzewo in der Region Ermland-Masuren gehört. Sein Beruf wird mit „Tankwart und Gärtner" angegeben. Vom Luftgaukommando I in Königsberg wurde er als „Schlüsselkraft bei einer Nachschubdienststelle der Luftwaffe im Osteinsatz" bezeichnet. Er sei „Flugzeugtanker" und „Flugzeugspezialhandwerker".

Schwetling hatte einen Einberufungsbefehl zur Fliegerhorstkommandantur Jesau/Ostpreußen erhalten und nutzte einen Urlaub, um in die Schweiz zu flüchten. Am 5. August 1942 verließ er Jesau und begab sich über

Auf der Rückseite dieses Entlausungsscheines hatte
Paul Schwetling die Zugverbindungen von Königsberg nach
Lustenau aufgeschrieben. (KLs 12/43 LG Feldkirch)

Berlin und München nach Lindau, um von dort aus in
die Schweiz zu gelangen. Nach einer Übernachtung in
Lindau begab er sich nach Lustenau, wo er am 7. August
1942 um 15 Uhr in der Augartenstraße von Zollbeamten
festgenommen wurde. In der Meldung der Grenzaufsichtsstelle Brugg über den „Aufgriff" heißt es:

> „Er hatte ausser dem Reisepass einen Sonderausweis, ausgestellt von der Dienststelle L 14152
> Lg Pa Breslau und einen Marschbefehl von der
> gleichen Dienststelle ausgestellt und einen Entlausungsschein bei sich. Aus den Angaben der
> Papiere war zu ersehen, dass der Festgenommene am 27.7.42 von Kiew nach Tharau in
> Ostpreußen reisen sollte. Auf die Frage, ob er
> Gepäckstücke bei sich habe, sagte er, daß er in
> einem Haus einen Koffer eingestellt habe. Nach
> längerem Suchen fand man diesen in einem

Haus in der Rheinstrasse. In dem Koffer hatte er ein zerlegtes K.K. Gewehr, seinen Wehrpass und einen Dienstausweis der Fliegerhorstkommandantur Jesau, ein Schreiben seiner Dienststelle wegen U.K. Stellung, den Teil 2 eines kleinen Wehrmachtsfahrscheines, ausgestellt von obiger Dienststelle von Kiew nach Tharau, Medikamente, ein Hemd und verschiedene Lebensmittel. Laut Eintrag im Sonderausweis und Marschbefehl wurde Schwetling zur Wehrmacht einberufen. Auf einem Zettel (Rückseite des Entlausungsscheines) hat er die Zugverbindungen von Königsberg bis Lustenau festgelegt."

Schwetling behauptete, wegen einer Geschlechtskrankheit geflohen zu sein. In der später gegen ihn erhobenen Anklageschrift heißt es: „Da er sich geschlechtskrank fühlte, wollte er weder zur Wehrmacht einrücken, noch zu seiner bisherigen Dienststelle zurückkehren, damit seine Angehörigen und Kameraden nichts von dieser Krankheit erführen. Da er sich schämte, überhaupt jemandem in seiner Heimat von seiner Krankheit etwas zu sagen, entschloss er sich, in die Schweiz zu flüchten und sich hier von einem Arzt behandeln zu lassen." Der Staatsanwalt glaubte ihm nicht: „Die Einlassung, dass er lediglich wegen einer Geschlechtskrankheit das Reich habe verlassen wollen, ist nicht recht glaubwürdig", heißt es in der Anklageschrift. Tatsächlich ergaben Untersuchungen keine Anhaltspunkte für eine Geschlechtskrankheit von Schwetling. Seine Angst, geschlechtskrank zu sein, wurde später vom Gericht als „fixe Idee" gewertet.

Aufschlussreich ist Schwetlings Aussage vor der Geheimen Staatspolizei, Grenzkommissariat Bregenz, vom 13. August 1942: „Am 6.8. abends kam ich nach Lindau. In einem Hotel beim Bahnhof brachte ich mit noch anderen, mir unbekannten Personen, auf einem Stuhl die Nacht zu. Eine polizeiliche Meldung war daher nicht notwendig." Offenbar war es damals zumindest in diesem Hotel möglich, auf einem Stuhl zu übernachten und so eine polizeiliche Meldung zu vermeiden. Am folgenden Tag versuchte er dann in die Schweiz zu kommen:

> „Am 7.8. vormittags gelangte ich nach Bregenz und mittags fuhr ich mit der Bahn bis Lustenau weiter. Nach Möglichkeit hätte ich am selben Tag noch illegal die Grenze nach der Schweiz überschritten. Als ich indessen den Rhein sah, erkannte ich, daß ich denselben weder durchwaten, noch durchschwimmen konnte. Ich entfernte mich gegen 15 Uhr wieder von dem Fluß, ging in den Ort zurück und wollte zunächst ein Gasthaus aufsuchen. Auf dem Weg zum Gasthaus wurde ich festgenommen. (...) Ich habe mich hier nirgends über die Grenze erkundigt oder von jemand darüber Auskunft erhalten. Aus der von mir mitgeführten Landkarte „Nordseeraum und Westeuropa" konnte ich ersehen, daß die Grenze unweit von Bregenz verläuft."

Schließlich war in der Zelle noch Friedrich Frolik, ein siebenundzwanzigjähriger junger Tscheche aus Budweis. Er war am 25. August 1942 in Feldkirch in Begleitung seines dreiundzwanzig Jahre alten Freundes Franz Irmisch (Frantisek Irmis) aus Lisov festgenommen und in die Haftanstalt eingeliefert worden. Irmisch und Frolik kannten sich seit einem Jahr und

Umsteigefahrschein der Königsberger Werke und Straßenbahn
G.m.b.H. der bei Paul Schwetling gefunden wurde (KLs 12/43
LG Feldkirch)

verbrachten regelmäßig die Freizeit miteinander. Beide
arbeiteten in Linz als Kraftfahrer. Bei ihrer Festnahme
gaben sie an, sie hätten einige Tage Urlaub in Tirol
machen wollen. Am 24. August 1942 hätten sie Linz
um 10 Uhr verlassen und seien mit einem Schnellzug
nach Innsbruck gefahren, wo sie gegen 17 Uhr angekommen seien. Weil sie dort keine Zimmer gefunden
hätten, seien sie nach Feldkirch weitergefahren, wo
sie um 20.30 Uhr eingetroffen seien. Die Nacht vom
24. auf den 25. August hätten sie im Gasthaus Hecht
verbracht. Am Morgen des 25. August hätten sie noch
die Stadt besichtigt, nachmittags seien sie dann in die
Ortschaft Bangs gekommen. Da sie dort kein Gasthaus
gefunden hätten, hätten sie sich außerhalb der Ortschaft an einem Fluss niedergelegt.

Frolik und Irmis wurden von dem siebenunddreißig
Jahre alten Straßenwärter Martin Kröger aus Bergedorf
bei Hamburg festgenommen, der als Grenzschutzbeam-
ter nach Feldkirch dienstverpflichtet worden war und
hier seit eineinhalb Jahren Dienst an der Grenze versah.

Kröger machte vor dem Ermittlungsrichter des Landgerichtes Feldkirch am 23. Dezember 1942 als Zeuge folgende Angaben über die Umstände der Festnahme von Frolik und Irmisch:

> „Ich habe seit 1 ½ Jahren in Bangs Grenzschutzdienst. Es wird am 25. 8. 42 um 15 Uhr gewesen sein, als ich die beiden Beschuldigten Irmis und Frolik aufgegriffen habe. Ich hatte bei der roten Brücke (etwa 2 km von der Rheingrenze) Postierung. Ich war vielleicht 5 Minuten dort, als ich auf dem Gebüsch des Waldes jemand in gebückter Haltung dem Illdamm zukommen sah. Nachdem dieser sich auf dem Damme befand, – von mir etwa 50–60 m entfernt – sah er nach links und rechts und ging dann langsam in Richtung gegen mich. Er sah mich da aber nicht, weil ich mich am Damm ins Gras hinlegte. Als er dann 5 m vor mir war, (er hatte mich sicher nicht beobachtet) sprang ich auf und rief ihn an, halt Grenzbeamter. Darauf erschrack er sehr, zumal er auch von meinem Diensthunde angesprungen wurde. Ich fragte ihn (Irmis), was er da suche und er antwortete, er halte nach seinen Kameraden Umschau, die im Walde arbeiten. Ich verlangte von ihm die Papiere und sah ich, dass er aus dem Protektorat komme. Nun erklärte ich ihm, er solle mir nichts vormachen, im Walde seien keine Arbeiter, und nun sagte er auf meine Frage, warum er auf den Damm gekommen sei, dass er baden gehen wollte. Ich füge ein, dass dort die Strömung zu reissend ist. Nun nahm ich ihn fest und führte ihn ab. Nach 30 m sagte er auf einmal, er möchte seine Sachen im Walde

holen und nun folgte ich ihm in den Wald etwa 30, 40 m und fand dort den zweitbeschuldigten Frolik, ohne dass mir Irmis vorher gesagt hatte, dass dieser dort sei und er einen Kameraden bei sich habe. Frolik sass am Boden und hatte die Schuhe ausgezogen. Vielleicht hatte er geschlafen, Er tat aber auch ganz erschrocken. Ich verlangte auch von ihm die Papiere und führte dann beide ab. Sie hatten ihre Sachen in einem Rucksack. Frolik war auch am Oberkörper bekleidet. Sonnenschein war meines Erinnerns. Auf dem weiteren Wege erklärte Irmis, sie hätten nicht gewusst, dass sie sich im Grenzgebiet befinden, sonst seien an Grenzen doch bezügliche Tafeln, da aber nicht. Frolik hatte auf meine Frage, was er da suche erklärt, dass sie eine Tour machen. Als ich hiezu bemerkte, dass man da doch nicht an die Grenze gehe, wenn man eine Tour machen wolle, darauf bemerkte er, sie hätten eigentlich baden gehen wollen. Irmis bemerkte dann noch, warum da die Grenzbeamten hier in Feldgrau gingen, bei ihnen zu Hause hätten diese auf weithin als Grenzbeamte erkennbare Uniformen. Ich erwähne noch, dass die beiden mich unterwegs fragten, wo denn die Grenze überhaupt sei, ob auf der anderen Seite des Flusses (Ill). Ich hielt Frolik vor, warum er dies wissen wolle und er antwortete, er hätte zu Hause eine Karte und wenn er wieder heimkomme möchte er doch nachsehen wo sie eigentlich gewesen seien. Aus diesen ihren Reden gewann ich den Eindruck, als ob sie die Ill für den Rhein gehalten hätten, der die Grenze ist."

Bei Friedrich Frolik wurde ein Fotoapparat mit einem nicht entwickelten Film sichergestellt. Die Fotos stammen aus diesem Film. Die ersten beiden zeigen mit hoher Wahrscheinlichkeit Friedrich Frolik, das dritte Foto seinen Begleiter Franz Irmisch. Die Fotos dürften im Grenzgebiet zur Schweiz aufgenommen worden sein. (KLs 12/43 LG Feldkirch)

So war es denn auch. Irmisch und Frolik hatten die Ill mit dem Rhein verwechselt.

Über den 7. Zelleninsassen Helmut Schwendinger ist wenig bekannt war. Helmut Schwendinger war wegen Betruges und eines Vergehens nach der Volksschädlingsverordnung in Haft. Er war offenbar geisteskrank. Dies steht jedenfalls in den Protokollen, die über den von Heinen und seinen Mithäftlingen unternommenen Ausbruch aus der Haftanstalt angelegt wurden. Ihn hat Heinen als einzigen seiner Zellengenossen nicht über seine Absichten informiert. Dennoch spielte er in Heinens Fluchtplan eine wichtige Rolle.

Der Ausbruch

Paul Schwetling bemerkte am Samstag, dem 29. August 1942, dass Höfel und Heinen

> „unter sich etwas besprachen. (...) Ich frug sie, was sie denn eigentlich immer miteinander so leise reden, worauf mir Höfel erklärte, daß er mir dies morgen sagen werde. (...) Am Sonntag, den 30.8.1942 hielten sich Höfel und Heinen stets beim Fenster auf und schauten hinaus. (...) Im Laufe des Nachmittags sagten mir Höfel und Heinen, daß sie flüchten wollten, ob ich mitmache. Auch an die andern Häftlinge stellten sie dieses Ansinnen."[91]

Auch Othmar Rathgeb beobachtete, wie Höfel und Heinen am Samstag „stets leise untereinander sprachen". Er habe Heinen gefragt, „was denn eigentlich los sei", worauf Heinen und Höfel gesagt hätten, dass sie „aus der Haftanstalt flüchten werden und ob ich mitmachen wolle. Ich sagte zu."

Erwin Kermer gab an, Höfel und Heinen hätten ihn am Samstag, 29. August 1942, gefragt, ob er „mitmachen würde, wenn es ihnen gelänge, auszubrechen. Ich habe dies bejaht. Ich war aber zunächst doch nicht ganz fest entschlossen und hätte den Plan allenfalls einem Aufsichtsbeamten verraten, wenn ich dazu Gelegenheit gehabt hätte. Höfel und Heinen passten aber gut auf, dass niemand sonst mit den Gefangenenaufsehern in Berührung kam." Am Sonntag hätten Höfel und Heinen Einzelheiten ihres Planes dann auch den übrigen Zellengenossen mitgeteilt und diese zum Mitmachen aufgefordert.

Friedrich Frolik sagte aus, er habe bis „ungefähr eine Stunde vor unserem Ausbrechen am Sonntag, den 30. 8. 1942 nicht gewusst und auch nicht annehmen können, dass Höfel und Heinen die Absicht hatten, auszubrechen." Er habe am Sonntag ungefähr um 7 Uhr bemerkt, wie „Höfel, Heinen, Rathgeb und der junge Wiener (Kermer) immer zusammen tuschelten. Höfel kam kurz nachher zu mir und sagte, dass sie beschlossen hätten, aus dem Gefangenhaus auszubrechen, dabei die beiden Beamten überwältigen und in den Keller sperren zu wollen. Mir sagte Höfel, dass ich ihnen dabei behilflich sein müsse, wenn nicht, werde man mich ebenfalls in den Keller sperren und mit mir etwas anderes machen."

Höfel und Heinen hielten am Sonntagvormittag durch das Fenster ihrer Zelle Ausschau, wer von den Beamten mittags in den Sonntagsdienst kam. Von ihrer Zelle aus hatten sie Sicht auf den Innenhof des Gerichtsgebäudes, über den der Zugang zur Haftanstalt erfolgt. Von Sonntagmittag an bis Montagfrüh, 7 Uhr, hatten jeweils nur zwei Wachebeamte Dienst. Heinen und Höfel stellten fest, dass der zweiundfünfzig Jahre alte Justizhauptwachmeister Andreas Bargetz und der siebenundvierzig Jahre alte Hilfsaufseher Kunibert Nachbaur Dienst hatten. Dies schien ihnen für die Ausführung ihres Planes günstig: beide galten als gutmütig.

Am Sonntagvormittag hatten Höfel und Heinen noch die Absicht, Wasser aus der Zelle auf den Gang zu schütten. Höfel hoffte, den Auftrag zu erhalten, Aufwischtücher aus dem Spülraum zu holen. Auf dem Rückweg hätte er dann den Wachebeamten überfallen. Diesen Plan ließen sie jedoch wieder fallen.

> „Der zweite und endgültige Ausbruchsplan am Nachmittag des genannten Tages ging dahin, den geisteskranken Schwendinger bewusstlos zu würgen, den eintretenden Wachebeamten zu überfallen, ihm Pistole und die Schlüssel wegzunehmen und mit letzterem die Aufnahmekanzlei aufzusperren, sich dort Zivilkleider zu beschaffen und zu fliehen."

In den Aussagen der Beteiligten über die Ausführung dieses Plans gibt es geringfügige Unterschiede. Im Kern stimmen sie jedoch mit jener Version überein, die das Sondergericht im Urteil gegen Friedrich Frolik vom 19. Mai 1943 als erwiesen annahm:

> „Tatsächlich wurde Schwendinger von Höfel und Heinen unter Mitwirkung des Angeklagten Frolik bewusstlos gewürgt. Über Auftrag Höfels läutete Kermer die Zellenglocke und bald darauf erschien der nun 47 jährige Hilfsaufseher Nachbaur in Begleitung des nun 52 jährigen Justizhauptwachtmeisters Bargetz an der Zellentüre. Letzterer gab die Weisung, Schwendinger auf seinem Bett ausruhen zu lassen, da es sich offensichtlich um einen epileptischen Anfall handle und entfernte sich, wogegen Nachbaur noch bei der offenen Zellentüre, deren Klinke er mit der Hand festhielt, verblieb. Diesen Augenblick benützte Höfel, Nachbaur anzufallen, ihn am Halse zu erfassen und zu würgen, es entstand ein Handgemenge und beide kamen zu Fall, hiebei beteiligten sich Heinen und Schwetling, ersterer nahm Nachbaur die Pistole weg.

Letzterer wurde nun weiter in das Innere der Zelle geschleift, als er sich hier aufrichten wollte, beteiligte sich auch der Angeklagte Frolik, ihn niederzuhalten. Durch den Lärm aufmerksam gemacht, erschien nun Bargetz. Heinen sprang auf ihn los, hielt ihm die Pistole mit den Worten ‚Hände hoch' vor die Brust, Bargetz wollte nun Heinen die Pistole entreissen. In diesem Augenblick eilten nun Frolik und Schwetling auf den Gang hinaus, packten Bargetz von hinten, würgten ihn und schoben ihn in die Zelle hinein. Schon nach wenigen Minuten musste Bargetz jede Abwehr aufgeben, infolge der Aufregung, Gewaltanwendung und der Misshandlung überfiel ihn eine Schwäche und Mattigkeit, einen Widerstand konnte er nicht mehr leisten. Auch ihm wurde die Pistole abgenommen. Als Bargetz in die Zelle geschoben wurde, lag Nachbaur noch auf dem Boden, er hatte um den Hals ein Handtuch gewickelt, an dessen Enden gezogen wurde, und zwar kann dies nur erfolgt sein durch Höfel und Kermer, da Rathgeb gleichfalls in den Gang vor der Zellentür gesprungen war. Bargetz sah dieses bejammernswerte Bild, er sagte, lasst doch den armen Familienvater gehen, er ist schon tot. Die beiden Wachebeamten wurden nun durch Frolik in Schach gehalten, er stand bei der Tür, hielt mit ausgestreckten Armen die Pistole gegen sie und sagte ihnen, sie sollen sich ruhig verhalten, da er sonst schieße. Die anderen Zellenhäftlinge eilten durch das Gefangenhaus, Heinen wollte seine Braut Sarah Meier, die aber inzwischen abgeschoben worden war und andere Gefangene befreien, schliesslich wurden die Wachebeamten in die Zelle Nr. 28 zu ebener Erde – die Zelle 52 befindet sich im ersten Stock – geführt, Höfel und Heinen hielten ihnen hiebei die Pistole vor, sie wurden dort eingeschlossen. Nun ging es in die Aufnahmskanzlei, die Häftlinge versorgten sich mit Zivilkleidern, Rucksäcken und anderen Sachen und ergriffen die Flucht. Erst nach zwei Stunden erschien der Wachekommandant Janisch und befreite die gefangengehaltenen Aufseher."

Die beiden Wachebeamten erlitten nur geringfügige Verletzungen. Bei Bargetz waren kleinere Hautabschürfungen und Würgespuren am Hals zu sehen. Nachbaur erlitt ebenfalls einige Hautabschürfungen und Striemen am Rücken.

Kunibert Nachbaur schilderte den Überfall so:

„Kurz nach 17 Uhr (30. 8.) hörte ich läuten. Ich war gerade im Keller u. begab mich nun in den ersten Stock. Bargetz hatte dort an der Tafel gesucht, von welcher Zelle aus geläutet wurde. Ich meinte, es handle sich wohl um die Zelle 52, weil schon am Tage vorher der dort untergebrachte Schwendinger wiederholt geläutet hatte. Als ich darauf die Türe der Zelle 52 öffnete, stand Bargetz auch bei mir. Ich verblieb unter der Türe u. sah den Schwendinger bewusstlos auf dem Strohsack liegen. Höfel und Heinen erklärten mir nun, Schwendinger werde einen Anfall haben, man sollte ihm aus der Hausapotheke etwas zur Stärkung bringen. Bargetz meinte, es handle sich wohl um einen epilept. Anfall, wozu wir nichts machen könnten, sie sollen ihn auf den Boden legen, damit er sich keine Verletzungen zuziehen könne, Bargetz drehte sich nun, um wieder weg zu gehen, und ich wollte die Türe zumachen. Ich stand noch unter der Türe, als Höfel, Heinen u. Frolik auf mich zusprangen, mich festhielten u. in die Zelle hineinzerrten. Nun fielen sie (die 3) über mich her und würgten mich, bis ich bewusstlos wurde; zuvor noch hatte (*ich*) mich noch einmal aufgerichtet u. nun beteiligte sich auch Schwetling am würgen. Dann weiss ich zunächst nichts mehr. Als ich etwa eine Viertel Stunde (*später*) wieder zu mir kam, befand ich mich an den Tisch gelehnt u. sah, dass Frolik an der Tür stand u. einen Revolver gegen mich und Bargetz hielt, der neben mir stand. (…) Nun erschienen dann Höfel und Heinen in der Zelle. Heinen stellte an mich die Frage, wo seine Braut sei. Ich antwortete, dass ich davon nichts wisse. Höfel und Heinen entfernten sich dann wieder (…) Wie erwähnt, waren Bargetz und ich in der Zelle 52 von 17.30 Uhr bis etwa 19 Uhr mit Revolver angehalten worden. Dann waren sie wieder alle in der Zelle u. Höfel verlangte, Bargetz u. ich müssten in die Zelle 28 geführt werden, da wir da zu nahe der Kripo wären. Heinen u. Frolik, jeder mit vorgehaltenem Revolver, verbrachten uns dann in die Zelle 28 u. haben uns dort dann eingeschlossen, auch den Schwendinger. (…)"

Während die beiden Wachebeamten in der Zelle 52 festgehalten wurden, suchten Heinen, Höfel, Kermer und Schwetling im Gefängnis nach Edith Meyer.

Der Wachebeamte Bargetz gab dazu an, „Heinen, Höfel, Kermer u. Schwetling hatten inzwischen die Zelle verlassen und trieben sich im Hause herum."

Kermer sagte dazu am 8. September 1942 vor dem Ermittlungsrichter des Landgerichtes Feldkirch Folgendes aus: „Frolik hat in der Folge mit der gezogenen Pistole den Nachbaur und Bargetz in der Zelle in Schach gehalten und bewacht, während Höfel und ich nach der Geliebten des Heinen im Frauengefängnis forschten."

Vor der Kriminalpolizei hatte er zuvor am 3. September 1942 angegeben: „Ich begab mich dann gemeinsam mit Höfel in die Frauenabteilung, öffneten dort Zelle um Zelle und frugen überall, wo die Sarah Mayer sei. Es war dies die Geliebte von Heinen. Nachdem wir diese nicht finden konnten, begaben wir uns wieder zur Zelle 52."

Schwetling machte folgende Angaben: „Wir begaben uns dann aus der Zelle hinaus und gab mir Heinen den Auftrag bei der Treppe zu warten, bis eine Frau herunterkomme. Ich führte diesen Auftrag aus." Die Frauenabteilung befand sich im zweiten Stock, was den Häftlingen insgesamt und damit wohl auch Heinen bekannt war. Schwetling sollte Edith bei der Stiege im ersten Stock in Empfang nehmen.

Da die Wachebeamten gegen 17.30 Uhr überfallen und bis ca. 19 Uhr in der Zelle 52 festgehalten wurden, müssen Heinen und seine Mithäftlinge fast eineinhalb Stunden nach Edith gesucht haben. Wie groß muss das Erschrecken und die Verzweiflung von Heinen gewesen sein, als sie Edith nicht finden konnten und er annehmen musste, dass sie nicht mehr in der Haftanstalt sei. Dass sie nur wenige Stunden vor dem Ausbruch nach

Innsbruck verbracht worden war, wusste er nicht. Wo ist Edith? Wie sehr muss ihn diese Frage gequält haben.

In der Anklageschrift gegen Friedrich Frolik heißt es, Heinen und seine Mithäftlinge hätten nicht nur Edith Meyer, sondern auch noch andere Gefängnisinsassen befreien wollen:

> „Heinen, Höfel, Kermer und Schwetling, suchten nun nach der Braut des Heinen und dem bereits erwähnten Kameraden des Frolik, Franz Irmisch, die ebenfalls befreit werden sollten. Heinen und Höfel wollten auch den wegen Devisenverbrechens in Untersuchungshaft befindlichen Stickereifabrikanten Hermann Scheffknecht befreien. Dieser lehnte jedoch ab. Da er aber Anstalten machte, die Aussenwelt von den Vorgängen in der Haftanstalt zu verständigen, wurde er von Heinen und Höfel, in deren Gesellschaft sich auch Kermer befand, mit dem Erschießen bedroht. Ebenso dachte man daran, den damals wegen Mordverdachts in Untersuchungshaft befindlichen Edmund Mäser zu befreien."

Irmisch, der mit Friedrich Frolik am 25. August 1942 festgenommen und wegen des versuchten illegalen Grenzübertrittes in die Schweiz bereits zu einer Gefängnisstrafe von vier Monaten verurteilt worden war, wollte sich den Ausbrechern nicht anschließen und blieb in der Haftanstalt.

Hermann Scheffknecht, in seinem Heimatort Lustenau „der Schlau" genannt, war einer der reichsten Fabrikanten von Vorarlberg. Er war seit 7. Mai 1941 wegen mehrerer Devisenvergehen in Haft. Auch er wollte sich den Ausbrechern nicht anschließen. Ihm gelang es im Jahr 1944, als die über ihn verhängte Untersuchungshaft gegen Anwendung gelinderer Mittel aufgehoben worden war, mit Hilfe eines Zollwachebeamten in die Schweiz zu fliehen. Der Zollwachebeamte wurde wegen dieser Fluchthilfe zum Tode verurteilt, das Todesurteil aber nicht mehr vollstreckt, weil der Krieg zu Ende war.

Edmund Mäser war wegen des Verdachtes, seinen Schwager ermordet zu haben, in Haft. Ob er mit den Ausbrechern nicht in die Freiheit mitgehen wollte oder ob Heinen und seine Mithäftlinge von ihrem Vorhaben, auch ihn zu befreien, abließen, kann nicht mehr festgestellt werden. Edmund Mäser wurde jedenfalls am 1. Dezember 1942 vom Sondergericht Feldkirch wegen Mordes zum Tode verurteilt und am 27. Januar 1943 in der Strafvollzugsanstalt München-Stadelheim hingerichtet.

Nachdem sie die beiden Wachebeamten und Schwendinger im Parterre in die Zelle 28 gesperrt hatten, begaben sich Heinen und seine Zellengenossen in die Aufnahmekanzlei. Was dort geschah, schilderte Erwin Kermer so:

„Wir alle 6 gingen dann in die Aufnahmekanzlei und sahen dort drei Rucksäcke stehen. Die Rucksäcke wurden von mir und Schwetling ausgepackt. Ich nahm aus diesen Rucksäcken einen blauen mit weißen Streifen versehenen Rock, dunkelgraues Hemd mit roten Streifen und eine lange Hose. Auch die anderen eigneten sich Kleider an. Was für Kleider sie nahmen weiss ich nicht. Ich musste einen Rucksack aufhalten, während Höfel in diesen Rucksack verschiedene Sachen wie Rasierzeug, Kompass, Taschentücher gab. Mein Zivilanzug, den ich trug, wurde von Höfel angezogen. Ich habe weiteres nicht mehr genommen. Wir flüchteten nun durch den Nachtausgang ins Freie. Im Hausgang standen zwei Fahrräder. Eines wurde von Höfel, das andere von Schwetling oder Frolik genommen. Beim Nachtausgange verlangte Höfel von Frolik die Pistole und das Fahrrad. Frolik händigte dem Höfel die Pistole aus und wurde ihm das Fahrrad von Frolik oder Schwetling übergeben. Ich fuhr mit Höfel Richtung Hohenems. Heinen folgte uns."

Rathgeb, Frolik und Schwetling trennten sich in der Freiheit von Heinen, Höfel und Kermer. Sie flüchteten in den Wald und warteten dort den Einbruch der Dunkelheit ab. Dann wanderten sie, wie Rathgeb später angab, „teils über Felder und teils im Walde in der Richtung Bangs und hatten die Absicht, in die Schweiz zu gelangen". Sie kamen nicht dorthin. In den Abendstunden wurden sie im Grenzgebiet des Rheins von der Schutzpolizei festgenommen und wieder in die Haftanstalt eingeliefert.

Heinens letzte Flucht

Über den Verlauf von Heinens Flucht hat Erwin Kermer detaillierte Angaben gemacht. Außerdem liegen Berichte der Kriminalpolizei vor.[92]

Nach diesen Berichten fuhren Heinen, Höfel und Kermer mit den Fahrrädern, die sie in der Haftanstalt entwendet hatten, nach Hohenems. Wegen Fliegergefahr waren die Häuser verdunkelt und die Straßen ohne jede Beleuchtung. Höfel war ortskundig und konnte sich daher auch in der Dunkelheit der Nacht gut zurechtfinden. Er stammte aus Hohenems und hatte dort Verwandte und Freunde. „Schmugglerfreunde", heißt es im Bericht der Kriminalpolizei. Hohenems liegt direkt an der Grenze zur Schweiz. „Schmuggeln" gehörte für die Bewohner dort zum Alltag.

Hohenems war die einzige Gemeinde Vorarlbergs, in der seit dem 17. Jahrhundert Juden wohnhaft waren. Als Heinen und seine Mithäftlinge dort eintrafen, lebten allerdings keine Juden mehr dort. Soweit sie nicht bereits vorher emigriert waren, waren auch sie in Vernichtungs- und Konzentrationslager deportiert worden.

Über die Stationen seiner gemeinsamen Flucht mit Heinrich Heinen und Josef Höfel berichtete Erwin Kermer:

> „Zwischen Hohenems und Dornbirn kehrten wir in einem Hause zu. Höfel war mit den Hausbewohnern gut bekannt. Wir kamen ungefähr um 4 Uhr früh dort an. Es wurde bei diesem Haus von Höfel am Fenster geklopft und wurde uns von einem Mann ca. 38 Jahre alt u. ca. 170 groß, schmales Gesicht, zurückgekämmte Haare, nähere Beschreibung kann ich nicht angeben,

aufgemacht. Er hört auf den Namen Hans. Wir begaben uns in dieses Haus und erzählten dem Manne, dass wir in der Haftanstalt die Aufseher überfallen, sie zu Boden geschlagen haben und aus der Haftanstalt geflohen seien. Diesem Mann wurde von Höfel und Heinen auch die Pistole gezeigt und auch die Schlüssel. Höfel verkaufte diesem Mann ein Paar Handschuhe um 5 RM. Wir hielten uns dort ca. 1 bis 2 Stunden auf. Der Mann sagte noch zu uns, wir sollten ja sehr vorsichtig sein, dass wir nicht erwischt werden und sollen ja nichts sagen, dass wir bei ihm waren. Wir fuhren mit den Fahrrädern dann 800 Meter weiter und kehrten dort wieder in einem Haus ein. In diesem Hause wohnte der Bruder des ersteren. Dort schrie Höfel zum Hause Otto hinauf und wurde uns auch von diesem, nachdem er sich überzeugt hatte, wer draussen war, in das Haus eingelassen. Dieser Mann bewirtete uns mit einem Kaffee. Höfel schenkte ihm dafür ein Paar Lederhandschuhe und einen Rasierer. Der Mann wusste aus den Erzählungen Höfels, dass diese Sachen bei unserem Ausbrechen aus dem Gefängnis gestohlen wurden.

Ich muss noch nachtragen, dass wir am Sonntag abends ungefähr um 22 Uhr auf unserer Flucht, nachdem wir durch den Markt Hohenems gefahren waren, rechts von der Strasse abgebogen und in einen kleinen Weiler kamen, wo einige Häuser standen. In eines dieser Häuser ging Höfel hinein und sprach dort mit einer Frau, die er mit Lina anredete. (...) Dieser Frau erzählte Höfel nicht, dass wir ausgebrochen sind, sondern erzählte ihr, dass wir auf Arbeit seien. Diese Frau bewirtete uns mit je einer Tasse schwarzem Kaffee und einem Stück Brot, während wir eine mitgebrachte Konservendose Ölsardinen aufassen. Höfel übergab dieser Frau vor unserem Weggehen einen grauen Rock und wollte von ihr dafür 10 RM haben. Als die Frau erklärte kein Geld zu haben ersuchte er sie, den Rock einstweilen für ihn in Aufbewahrung zu halten. Weiters übergab ihr Höfel eine Anzahl von Kleiderkartenpunkten. Als wir bereits von dort weg waren, sagte Höfel zu mir und Heinen, dass er diesen Rock der Frau belassen habe, weil sie uns bewirtete."

Am Montag, 31. August 1942, begaben sich Höfel, Heinen und Kermer nach Lustenau. Damals ein Zentrum der Vorarlberger Stickereiindustrie, grenzt diese nur wenige Kilometer von Hohenems und Dornbirn entfernte Gemeinde direkt an die Schweiz. Kermer berichtet:

„Am Montag, den 31. 8. 1942 befanden wir uns um die Mittagszeit in der Nähe des Elektrizitätswerkes in Lustenau. Dort sagten Höfel und Heinen zu mir, ich möge auf sie in der Nähe warten, sie kämen nach kurzer Zeit wieder zurück. Zu dieser Zeit trug ich den aus der Haftanstalt mitgebrachten Rucksack und die von allen gemeinsam entwendeten Effekten darinnen verwahrt auf meinem Rücken. Ich wurde dann von einem Grenzaufsichtsbeamten angehalten und mitgenommen. Bei der Eskorte kamen wir bei einem Gasthaus vorbei, wo der Beamte telefonieren wollte. Ich sah in diesem Gasthausgarten Heinen und Höfel sitzen und teilte dies dem Beamten mit. Während dem ich von Zivilpersonen festgehalten wurde, versuchte der Beamte die beiden, Höfel und Heinen festzunehmen, die sich aber ihrer Festnehmung dadurch entziehen konnten, dass Heinen den Beamten mit einer Pistole in Schach hielt und dann auf das Fahrrad stieg und davonfuhr. Der Beamte musste den von ihm bereits festgehaltenen Höfel auf diese Bedrohung freilassen, worauf Höfel rückwärts auf das Fahrrad aufsprang und Höfel mit gezogener Pistole ihren Rückzug deckte."

War es eine spontane Reaktion von Erwin Kermer, den Grenzaufsichtsbeamten auf die im Garten eines Gasthauses sitzenden Mithäftlinge aufmerksam zu machen? Wollte er dadurch seine eigene Situation verbessern? Machte er die beiden verantwortlich für das, was nun auf ihn zukommen würde? Hoffte er, dass sie auch ihn befreien würden? Warum Erwin Kermer die beiden verriet, lässt sich nicht beantworten. Heinen und Höfel gelang es jedoch, sich der Festnahme zu entziehen und neuerlich zu fliehen. Ohne aufgegriffen zu werden, konnten sie in Richtung Hohenems entkommen. Kermer hingegen wurde zurück in die Haftanstalt nach Feldkirch verbracht.

Gegen Heinen und Höfel, die einzigen der sechs Ausbrecher, die sich zu diesem Zeitpunkt noch auf freiem Fuß befanden, war inzwischen eine Großfahndung eingeleitet worden. Der Kommandant des Gendarmeriepostens Hohenems, Anton Linder, „Meister der Gendarmerie", wie sein Amtstitel damals lautete, hatte in Erfahrung gebracht, dass sich die beiden Gesuchten möglicherweise bei einer Familie in der am Ortsrand von Hohenems befindlichen Parzelle Oberklien aufhalten könnten, bei der Höfel früher häufig verkehrte. Er wies daher eine dort wohnhafte Frau an, sofort die Gendarmerie zu verständigen, falls die Gesuchten dorthin kommen würden, was auch tatsächlich geschah. Am Dienstag, 1. September 1942, kurz nach 14 Uhr teilte die Frau dem Gendarmerieposten mit, „daß die zwei Gesuchten in Oberklien, gegenüber ihrem Hause auf einer Hausbank sitzen."

Was dann geschah, wird im Bericht der Kriminalpolizei vom 2. September 1942 wie folgt geschildert:

> „Meister Linder begab sich mit Bez. Ob. Wachtm. d. Gend. Welte, Meister d. Schupo in Hohenems Anton Margreiter und Hilfszollbetriebsassistent Alfred Huchler der Grenzaufsichtsstelle Hohenems mit Karabiner bewaffnet nach Oberklien, wo sie um 14.55 Uhr eintrafen. Kurz vor Oberklien umstellten sie nach einem vorher bestimmten Plan die Häusergruppe in Oberklien, um von allen Seiten herankommen zu können. Meister d. Gend. Linder kam in südlicher Richtung feldwärts zur Häusergruppe und kam gerade auf das Ende des Hauses Nr. 5 (Stallungen), als er gegenüber bei Haus Nr. 7 auf der Hausbank die beiden Gesuchten sitzend antraf. Er war zu diesem Zeitpunkt ungefähr 22 Schritte von den zwei Männern entfernt. Auf sein Rufen: ‚Halt, Gendarmerie, Hände hoch', nahm einer der beiden Männer, es (war) Höfel, zuerst hinter einem vor dem Haus befindlichen Hackstock und dann hinter einem Hollunderbaum Deckung und schoß sofort auf Meister Linder mit der Pistole, ohne jedoch zu treffen. Linder schoß mit sei-

nem Karabiner dreimal auf Höfel, der nach den Schüssen zusammenbrach und sich nicht mehr rührte. Zur gleichen Zeit war auf der gegenüberliegenden Seite und zwar strassenwärts bei Hs. Nr. 9 Pol. Meister Anton Margreiter hervorgekommen und bemerkte von seiner Stelle aus, wie Höfel auf Linder schoss. Margreiter befand sich zu dieser Zeit ungefähr 29 Schritte von Höfel weit weg. Margreiter feuerte nun mit seinem Karabiner auf Höfel, als dieser noch in gedeckter Haltung auf Linder schoss, ebenfalls einen Schuss ab, worauf Höfel zusammenbrach.

Unterdessen war Heinen von der Bank weggesprungen und wollte in nördlicher Richtung, entlang des Hauses Nr. 7 zum Haus Nr. 9 und von dort über die Strasse, vermutlich in den Wald hinein flüchten. Bevor er zum Haus Nr. 9 kam, bemerkte er den inzwischen an die Hausecke Oberklien Nr. 5 (straßenseitig) herangekommenen Higamann (*Anm.: Abkürzung für Hilfsgrenzangestellter*) Alfred Huchler, auf welchen er sofort mit der Pistole zu schiessen begann. Nach Abgabe von einigen Schüssen wollte er sich dann umdrehen und flüchten, wurde aber von Huchler durch zwei Schüsse aus dem Karabiner und zwar in Brusthöhe und im rechten Oberschenkel getroffen, worauf er sofort zu Boden sank und sich nicht mehr rührte."

Sowohl der Kopfschuss bei Höfel als auch der Brustschuss bei Heinen waren absolut tödlich, wie der durch die Gendarmerie herbei gerufene Gemeindearzt von Hohenems, Dr. Anton Schuler, feststellte. Bei Abgabe der zwei Schüsse auf Heinen war der Higamann Huchler „26 Schritte" von ihm entfernt. Im Bericht der Kriminalpolizei heißt es weiter:

> „Heinrich Heinen hatte seine eigenen Kleidungsstücke am Körper und zwar, 1 graue Knickerbockerhose, blaues Sacko und lila Pullover und ein weisses Hemd, welches Eigentum des Gefangenhauses ist. An gestohlenen Sachen hatte er die Stiefel des Aufsehers Nachbauer, weiters 1 Taschentuch, 1 Kamm, 1 Bussole und eine gelbe leere Zigarettendose bei sich, die Eigentum von den bestohlenen Häftlingen sind. (…) Die Schwester des Josef Höfel, Marie Heim, geb. Höfel, Dornbirn, Brunnengasse Nr. 4 wohnhaft, wurde durch den GP. Hohenems vom Tod ihres Bruders in Kenntnis gesetzt, während der Vater von Heinrich Heinen Nikolaus Heinen, Köln, Georgsplatz Nr. 7 wohnhaft, mittels Fernschreiben über die Stapostelle Köln hiervon benachrichtigt wurde."

In der Chronik des Gendarmeriepostens Hohenems findet sich unter dem Datum 1. September 1942 und der Überschrift „Waffengebrauch gegen Schwerverbrecher" folgender Bericht über Heinens und Höfels Tod:

> „Am 31. 8. 1942 sind aus der Haftanstalt Feldkirch 5 Schwer- und Gewaltverbrecher ausgebrochen und entwichen, nachdem sie Wache vergewaltigt, entwaffnet und die Waffen an sich genommen hatten. Unter diesen Verbrechern befand sich ein gewisser Heinrich Heinen aus Köln und der wiederholt vorbestrafte Josef Höfel, geboren im Jahre 1923, aus Hohenems. Höfel entstammte

einer minderwertigen, diebisch veranlagten Familie. – Die Ausbrecher versuchten auf entwendeten Fahrrädern in die Schweiz zu flüchten. Höfel hatte in Hohenems Oberklien alte Schmugglerfreunde und suchte dort mit Heinen vorerst Unterschlupf. Am 1. 9. 42 gegen 14.20 Uhr erfuhr der Gendarmerieposten, daß Höfel und noch ein unbekannter Mann sich in Oberklien beim Hause Nr. 7 aufhalten sollen. Der Postenführer Mstr. Linder organisierte einen Festnahmeplan und schritt um 14.55 Uhr mit Obw. d. Gend. Welte und, da weitere Gendarmen am Posten nicht anwesend waren, mit Meister der Schutzpol. der Gemeinde Anton Margreiter und dem Grenzschutzmann Alfred Huchler aus Hohenems gegen die Verbrecher ein. Höfel und Heinen gaben sogleich gegen den sie anhaltenden Mstr. Linder auf eine Entfernung von 19 m mehrere Pistolenschüsse ab, die jedoch, da Mstr. Linder am Boden sofort Deckung *(fand)*, fehl gingen. Höfel wurde dann durch einen Gehirnschuß und Heinen, der schließlich zu flüchten versuchte und hiebei auch auf den Grenzschutzmann Huchler weitere Schüsse abfeuerte, von Huchler durch 2 Schüsse tödlich getroffen. - Die Leichen wurden in die Leichenhalle des Krankenhauses verbracht und am 3. 9., um 5 Uhr in der Früh außerkirchlich und unauffällig auf dem Ortsfriedhof beerdigt."

Auch das dem Gendarmerieposten Hohenems übergeordnete Bezirksgendarmeriekommando Feldkirch vermerkte den „Überfall auf Gefangenenaufseher im Landgericht Feldkirch" in seiner Chronik. Es heißt dort:

„Am 30. 8. 1942 brachen aus der Haftanstalt des Landgerichtes Feldkirch nach Überwältigung der Gefangenenaufseher 6 Häftlinge aus, die den Aufsehern die Pistolen und aus der Aufnahmekanzlei 2 Fahrräder und verschiedene andere Kleidungsstücke entwendeten. 3 dieser Verbrecher wurden am 31. 8. in Bangs und ein Jugendlicher in Lustenau wieder festgenommen. Die Anführer dieser Bande, Josef Höfel, 1923 in Hohenems geboren und Heinrich Heinen, 1920 in Lindenthal bei Köln geboren, wurden ebenfalls in Lustenau am 31. 8. von einem Hilfsgrenzangestellten aufgegriffen. Nachdem sie Letzteren mit der entwendeten Pistole bedroht hatten, gelang es ihnen auf einem ebenfalls entwendeten Fahrrad die Flucht zu ergreifen. Erst am 1. 9. mittags gelang es dem Postenführer, Meister der Gend. Linder des Postens Hohenems mit noch einem Gendarmen (Bezowm. Welte) einem Polizisten der Schupo Hohenems und einem Hilfsgrenzangestellten die zwei Ausbrecher abermals zu stellen. Gleich nach Anruf eröffneten letztere das Feuer auf die Sicherheitsorgane, die sie planmäßig umstellten. Nach kurzem Feuergefecht gelang es die Verbrecher kampfunfähig zu machen. Sie erlagen an Ort und Stelle den im Feuerkampf erlittenen Verletzungen (Kopfbzw. Herzschuss). Nur dem umsichtigen planmäßigen Vorgehen des Postenführers ist es zu verdanken, dass auf Seite der Exekutivorgane keine Opfer zu beklagen sind. Höfel hatte bereits 2 ½ Jahre Haft hinter sich und befand sich neuerdings wegen Einbruchsdiebstahls in Untersuchungshaft. Heinen wurde kurz vor seiner

Flucht wegen Wehrdienstentziehung und Rassenschande zu 5 Jahren Zuchthaus verurteilt."

Auch in der Presse wurde über den Gefängnisausbruch und den Tod von Heinen und Höfel berichtet. Das „Vorarlberger Tagblatt" brachte am 3. September 1942 unter der Überschrift „Aus dem Gefängnis entsprungen" folgende Notiz:

> „Am Sonntagabend entwichen aus der Haftanstalt sechs Häftlinge. Sie schlugen die zwei diensttuenden Beamten nieder, bemächtigten sich der zwei Dienstpistolen, Kleider und Schlüssel. Mit zwei Fahrrädern sind sie aus dem Gefängnis entflohen. Die Flucht wurde erst drei Stunden später bemerkt. Vier der Gefangenen wurden bald darauf wieder in Haft genommen. Die beiden anderen, die sich mit den erbeuteten Waffen zur Wehr gesetzt hatten, wurden bei Hohenems erschossen."

Eine gleichlautende Meldung brachte am 5. September 1942 auch der „Vorarlberger Landbote".

Zwei Monate später wurden die am Einsatz gegen Heinrich Heinen und Josef Höfel beteiligten Exekutivorgane für ihren Einsatz ausgezeichnet. Wie die Chronik des Gendarmeriepostens Hohenems unter dem Datum 26. Oktober 1942 und der Überschrift „Belobung durch den Herrn Reichsstatthalter und Gauleiter Hofer" vermerkt, wurde der Postenführer Mstr. Anton Linder mit Dekret vom 26. Oktober 1942 „vom Reichsstatthalter und Gauleiter Hofer für die vorbildliche und kaltblütige Haltung im Feuerkampfe mit 2 bewaffneten Schwerverbrechern, bei dem beide tödlich getroffen wurden, ferner für die umsichtige und die Erfolg verbürgende Führung der Streife mit einer Belobung ausgezeichnet".[93] Die gleiche Belobung erhielten auch die drei anderen am Einsatz beteiligten Organe.

Ob der „Reichsstatthalter und Gauleiter von Tirol und Vorarlberg", Franz Hofer, bei Verleihung dieser Auszeichnung an seine eigene Flucht aus dem Gefängnis von Innsbruck gedacht haben mag? Hofer, der noch am 29. April 1945, einen Tag vor Hitlers Selbstmord, von Hitler zum „Reichsverteidigungskommissar der Alpenfestung" ernannt worden war, war auf den Tag genau neun Jahre vor Heinens Ausbruch aus der Haftanstalt von Feldkirch selbst gewaltsam aus dem Gefängnis des Landesgerichtes Innsbruck befreit worden. Er hatte dort eine zweijährige Haftstrafe wegen verbotener nationalsozialistischer Betätigung zu verbüßen.

> „In der Nacht vom 29. auf den 30. August 1933 verlangten kurz vor ein Uhr zwei als Heimatwehrmänner verkleidete Nationalsozialisten Einlaß in das Gefangenenhaus. Sie führten in ihrer Mitte einen gefesselten Mann, den sie, wie sie behaupteten, abliefern müßten. Als ihnen der Torwächter öffnete, wurde dieser niedergeschlagen. Ein weiterer Beamter, der helfend eingreifen wollte, wurde mit einem Wattebausch, der mit einer chloroformähnlichen Flüssigkeit getränkt war, betäubt. Die Täter entwendeten daraufhin den Wächtern die Zellenschlüssel und befreiten Franz Hofer. Dieser hatte die ganze Aktion offensichtlich erwartet und erwartete seine Befreier ‚reisefertig' in seiner Zelle. Mit vorgehaltenem Revolver zwangen die Männer dann die Frau des Kerkermeisters, ihnen die

> **Feldkirch und Umgebung**
>
> **Aus dem Gefängnis entsprungen.** Am Sonntagabend entwichen aus der Hastanstalt sechs Häftlinge. Sie schlugen die zwei dienstuenden Beamten nieder, bemächtigten sich der zwei Dienstpistolen, Kleider und Schlüssel. Mit zwei Fahrrädern sind sie aus dem Gefängnis entflohen. Die Flucht wurde erst drei Stunden später bemerkt. Vier der Gefangenen wurden bald darauf wieder in Haft genommen. Die beiden anderen, die sich mit den erbeuteten Waffen zur Wehr gesetzt hatten, wurden bei Hohenems erschossen.
>
> **Trauungen.** Auf dem hiesigen Standesamt wurden getraut der Uffz. Verkäufer Erwin Huber von Rankweil mit Maria Sonderegger von Feldkirch, und der Gefr. Hilfsarbeiter Ludwig Kerschbaumer mit Hilda Dünser, beide von Feldkirch.
>
> **Todesfälle.** Im Alter von 46 Jahren verschied Frau Josefa Ginzl, geb. Erne, von Feldkirch. — Im Versorgungsheim in Rofels starb im hohen Alter von 85 Jahren der Metzger i. R. Gebhard Matt. Der Verstorbene stand durch mehrere Jahrzehnte bei der Metzgerei Stengele in Diensten.
>
> **Berufung.** Der auch in Feldkirch gut bekannte Schauspieler Karl Josef Häusle von ...

Meldung des Vorarlberger Tagblattes vom 3. September 1942 über den Gefängnisausbruch und den Tod von Heinrich Heinen und Josef Höfel

Schlüssel zum Ausgang des Gefängnisses auszuhändigen. In einem bereitstehenden Auto flüchteten diese anschließend in Richtung Brenner. Obwohl sofort alle Grenzübergänge ins Ausland gesperrt wurden, konnte man die Flüchtenden nicht zurückhalten. Diese durchbrachen in Matrei am Brenner eine Straßensperre, worauf die dort postierten Gendarmen sofort das Feuer eröffneten, wobei sie Franz Hofer am Knie durch einen Schuß schwer verletzten. Die Befreier und der verletzte Hofer überquerten schließlich zu Fuß die italienische Grenze und reisten anschließend von Bozen nach München, wo Franz Hofer zu den Führungskräften der NSDAP stieß."[94]

Ob auch der Gendarm, der den flüchtigen späteren Gauleiter angeschossen hatte, für seinen „Waffengebrauch gegen Schwerverbrecher" ausgezeichnet wurde?

Die wahren Hintergründe von Heinens Ausbruch aus der Haftanstalt waren weder dem Gauleiter noch den Exekutivorganen bekannt. Als Heinen am 3. September 1942 um 5 Uhr früh „außerkirchlich und unauffällig" etwa zwei Kilometer von der Grenze zur Schweiz entfernt auf dem Ortsfriedhof von Hohenems begraben wurde, hat niemand an Edith Meyer gedacht, die zu diesem Zeitpunkt im Polizeigefängnis von Innsbruck auf ihre Verbringung in das Konzentrationslager Auschwitz wartete.

„Heinens Spur verliert sich in einem namenlosen Grab auf dem Friedhof von Hohenems. Niemand weiß, wo genau Heinen begraben wurde." Mit diesen Sätzen endete mein Bericht über das Leben von Heinrich Heinen in der ersten und zweiten Auflage dieses Buches. Mittlerweile konnte jedoch der Hohenemser Historiker Dr. Arnulf Häfele eruieren, wo Heinrich Heinen begraben wurde: gemeinsam mit Josef Höfel wurde er in einem Doppelgrab im Leichenfeld II mit den Nummern 102 und 103 beerdigt, in dem auch schon Höfels Vater bestattet worden war. Im siebten Band des im Pfarrarchiv von Hohenems aufbewahrten Sterbebuches für die Jahre 1932 bis 1943 finden sich auf Seite 259 unter Nr. 93 Eintragungen zu Heinrich Heinen. Mit schwungvoller Schrift hat Pfarrer Konrad Renn dort Stunde und Ort von Heinens Tod eingetragen: „15 Uhr am 1. September 1942" und „Oberklien Hohenems im Freien". Unter der Rubrik Namen, Stand, Religion vermerkte er: „Heinen Heinrich, ledig, kaufmännischer Angestellter, wohnhaft Köln, zur Zeit Feldkirch, Gefangenenhaus". In der Rubrik Krankheit und Todesart steht: „Herzdurchschuß u. Oberschenkeldurchschuß rechts, erschossen von der Polizei in Notwehr (Herzdurch.)". Auf die Frage: Ob mit den heiligen Sterbesakramenten versehen? antwortete der Pfarrer nur mit einer Wellenlinie. In der Rubrik Zeit und Ort der Beerdigung hielt er fest: „3. 9. schwarz beerdigt 5 h früh St. A. später kirchlich eingesegnet." „St. A" steht für die Bezeichnung des Ortsfriedhofs St. Anton. Der Katholik Heinrich Heinen wurde also auf dem Ortsfriedhof von Hohenems um 5 Uhr früh „schwarz beerdigt", später aber vom Ortspfarrer „kirchlich eingesegnet". Auch bei Josef Höfel findet sich diese Eintragung.[95]

Arnulf Häfele machte auch noch die Tochter des Totengräbers Josef Anton Halbeisen (1884–1971) ausfindig, der Heinrich Heinen begraben und dessen Grab mehrere Jahre hindurch gepflegt hat. Sie berichtete, dass Heinens Mutter zweimal das Grab ihres Sohnes besucht und ihr zum Dank für die Pflege des Grabes durch ihren Vater einen Pullover und ein Paar Handschuhe geschenkt habe. Heinens Mutter sei ihr dadurch in Erinnerung geblieben. Denn nie zuvor habe sie in ihrer Kindheit „einen so schönen Pullover" bekommen.

Das Schicksal der anderen

Nach dem Scheitern ihrer Flucht wurden Othmar Rathgeb, Paul Schwetling, Erwin Kermer und Friedrich Frolik neuerlich in die Haftanstalt Feldkirch eingeliefert. Als Komplizen einer gemeinsam verübten Straftat kamen sie nunmehr in getrennte Zellen. Einer von ihnen wurde, wie der beim Gefangenenausbruch überwältigte Wachebeamte Kunibert Nachbaur am 3. August 1946 zu Protokoll gab, nach der Wiedereinbringung mit dem „Ochsenziemer" geschlagen.[96]

Acht Monate lang wurde nunmehr gegen die vier Überlebenden des gescheiterten Gefängisausbruchs ermittelt. Diese lange Ermittlungsdauer ist darauf zurückzuführen, dass neben dem Landgericht Feldkirch auch der Volksgerichtshof in Berlin Ermittlungen gegen Friedrich Frolik durchführte. Denn Frolik wurde verdächtigt, dass er nur deshalb in die Schweiz fliehen habe wollen, um einer gegen das Deutsche Reich kämpfenden tschechischen Legion beizutreten. Aus diesem Grund leitete der Volksgerichtshof in Berlin ein Ermittlungsverfahren gegen Frolik wegen „Hochverrates und versuchter landesverräterischer Waffenhilfe" ein, das von einem Richter des Landgerichtes Feldkirch im Auftrage des Volksgerichtshofes geführt wurde. Der Volksgerichtshof verhängte während des Krieges über 5.000 Todesurteile. 1985 qualifizierte der Deutsche Bundestag den Volksgerichtshof in einer Entschließung als „Terrorinstrument zur Durchsetzung nationalsozialistischer Willkürherrschaft" und sprach dessen Urteilen jegliche Rechtswirkung ab.

Im Haftbeschluss, den der für den Volksgerichtshof in Berlin tätige Ermittlungsrichter des Landgerichtes

Feldkirch am 1. Oktober 1942 gegen Friedrich Frolik ausfertigte, heißt es, Frolik habe versucht, „von Bangs aus auf illegalem Wege in die Schweiz zu gelangen, um von dort aus der im feindlichen Ausland gegen das Reich kämpfenden tschechischen Legion beizutreten." Er werde beschuldigt, als Angehöriger des Protektorates Böhmen und Mähren [97] ein „hochverräterisches Unternehmen" vorbereiten zu wollen, nämlich „mit Gewalt ein zum Reich gehöriges Gebiet vom Reiche loszureißen" und zu versuchen, „während eines Krieges gegen das Reich in der feindlichen Kriegsmacht zu dienen oder gegen das Reich Waffen zu tragen."

Ob Friedrich Frolik tatsächlich solche Absichten hatte, lässt sich heute nicht mehr klären. In seinem Fall mag zu diesem Verdacht beigetragen haben, dass sein Bruder Rudolf für den tschechischen Nachrichtendienst gearbeitet hatte und sich seit 1940 wegen Spionageverdachtes in Untersuchungshaft befand.[98]

Das gegen Frolik geführte Ermittlungsverfahren des Volksgerichtshofes wurde schließlich im März 1943 eingestellt, weil keine hinreichenden Beweise gefunden wurden, dass Frolik tatsächlich der tschechischen Legion beitreten hätte wollen.

Schließlich brachte der Oberstaatsanwalt beim Landgericht Feldkirch am 29. April 1943 die Anklageschrift gegen Friedrich Frolik und die drei anderen Beteiligten des Gefängnisausbruchs ein. Die Anklage verfolgte dabei ein klares Ziel: alle vier Ausbrecher sollten zum Tode verurteilt werden. Alle vier wurden deshalb als „Gewaltverbrecher" angeklagt.

Nach dem Beginn des Zweiten Weltkrieges verschärfte der NS-Staat unter Berufung auf „Bedürfnisse der Kriegszeit" zahlreiche Bestimmungen des Strafrechtes in exzessiver Weise. Unter anderem wurde im

„rücksichtsloses Kampf" gegen „Berufs- und Gewohnheitsverbrecher, Asoziale und Parasiten" am 5. Dezember 1939 eine eigene Verordnung gegen „Gewalt- und Gewohnheitsverbrecher" erlassen, die bei „schweren Gewalttaten" zwingend die Todesstrafe vorsah.[99] „Schwer" war eine Gewalttat nach dieser Verordnung, wenn „Schuß-, Hieb- oder Stoßwaffen und andere gefährliche Mittel" angewendet wurden. Für Friedrich Frolik und Paul Schwetling, die einer solchen schweren Gewalttat angeklagt wurden, war damit von vornherein die Gefahr einer Verurteilung zum Tode gegeben.

Aber auch die unter das Jugendstrafrecht fallenden Mitangeklagten Othmar Rathgeb und Erwin Kermer sollten nach der gegen sie erhobenen Anklage zum Tode verurteilt werden. Möglich machte dies die „Verordnung gegen jugendliche Schwerverbrecher vom 4. Oktober 1939, RGBl. 1939, I, S. 2000". Nach dieser konnte gegen einen Jugendlichen, der bei Begehung einer Straftat über sechzehn Jahre alt war, die Anklage auch vor jenem Gericht erhoben werden,

> „das zur Verhandlung und Entscheidung gegen Erwachsene zuständig ist. (…) In diesem Fall verhängt das angerufene Gericht gegen den Täter diejenigen Strafen und Maßregeln der Sicherung und Besserung, die gegen Erwachsene angedroht sind, wenn der Täter nach seiner geistigen und sittlichen Entwicklung einer über achtzehn Jahre alten Person gleichzuachten ist und wenn die bei der Tat gezeigte, besonders verwerfliche verbrecherische Gesinnung oder der Schutz des Volkes eine solche Bestrafung erforderlich macht."

Was hier nach Auffassung des Oberstaatsanwaltes der Fall war. Deshalb führte er in der Anklageschrift aus:

> „Die (...) Gewaltakte gegen die Wachebeamten und gegen Schwendinger stellen sich als ein Verbrechen nach § 1 Abs. 1 der Gewaltverbrecher-VO. dar, insbesondere ist das Würgen des Schwendinger und der Wachebeamten unter Berücksichtigung aller Umstände der Tat als schwere Gewalttat anzusehen, bei der zwar nicht Waffen, wohl aber gleich gefährliche Mittel angewendet wurden. Sämtliche Angeschuldigte haften als Mittäter. Die Mittäterschaft kann bei Schwetling und Frolik überhaupt nicht zweifelhaft sein, aber auch die Jugendlichen Kermer und Rathgeb sind als Mittäter anzusehen. Sie waren mit dem von Höfel und Heinen geplanten Ausbruchsversuch einverstanden und haben sich an der Ausführung der Gewalttat gegenüber den Wachebeamten beteiligt. Ihr Wille ging dahin, das geplante Verbrechen durch ihre Tätigkeit in Verbindung mit der Tätigkeit der übrigen Beschuldigten auszuführen, somit zur Verwirklichung beizutragen. Auch sie haben mit Tätervorsatz gehandelt. Die Jugendlichen Kermer und Rathgeb, die zur Tatzeit das 16. Lebensjahr überschritten hatten, sind nach ihrer geistigen und sittlichen Entwicklung als frühreif anzusehen und damit Personen, die das 18. Lebensjahr vollendet haben, gleichzuachten. Dazu kommt, dass die durch die geschilderte Gewalttat gezeigte besonders verwerfliche und verbrecherische Gesinnung bei diesen frühreifen Jugendlichen eine Bestrafung wie bei Erwachsenen erfordert."

Gegen alle Vier erhob der Oberstaatsanwalt auch Anklage wegen des Verbrechens des Diebstahls. Die Ausbrecher hätten aus der Aufnahmekanzlei der Haftanstalt Bekleidungsstücke und verschiedene Gegenstände im Wert von mehr als 1.000 Reichsmark mitgenommen und seien daher als Diebsgenossen auch des Verbrechens des schweren Gesellschaftsdiebstahles schuldig zu sprechen. Allen Vieren wurde zudem wegen ihres versuchten illegalen Grenzübertrittes in die Schweiz ein Verstoß gegen die Passstrafenverordnung, Erwin Kermer überdies die unbefugte Aufgabe seiner Lehrstelle zur Last gelegt.

Am 19. Mai 1943 fand der Prozess gegen die Vier vor dem Sondergericht statt. Den Vorsitz hatte Landgerichtspräsident Dr. Heinrich Eccher. Beisitzer waren Landgerichtsdirektor Dr. Otto Böhm und Amtsgerichtsdirektor Dr. Walter Murr. Eccher und Böhm waren schon am Verfahren gegen Heinrich Heinen wegen Rassenschande beteiligt gewesen.

Murr, 1905 in Kufstein in Tirol geboren, entstammte einer Beamtenfamilie. Sein Vater war Hofrat bei der Finanzlandesdirektion Innsbruck. Er war seit 1931 Richter. 1941 bewarb er sich um eine Richterstelle beim Landgericht Feldkirch. Um diese bewarben sich damals insgesamt achtunddreißig Richter. Bis heute hat es nie eine größere Anzahl an Bewerbern um eine Richterstelle in Vorarlberg gegeben. Nahezu alle Bewerber stammten aus dem „Altreich". Offenbar war eine Richterstelle an der Peripherie des Reiches, nahe der Schweiz, fernab der durch Bombenangriffe der Alliierten gefährdeten deutschen Städte damals auch für Richter aus dem „Altreich" attraktiv. Murr bekam die Stelle mit der Begründung, dass er den Dialekt der Vorarlberger und deren Lebensart verstehe. Im Personalakt des Reichsjustizministeriums heißt es: „Schließlich ist es mit Rücksicht auf die besondere Eigenart der Bevölkerung und die Lebensverhältnisse in Vorarlberg erforderlich, daß der Richter nicht nur den sprachlichen Schwierigkeiten gewachsen ist, sondern auch imstande ist, das notwendige Vertrauensverhältnis der rechtsuchenden Bevölkerung ohne Schwierigkeit herzustellen."[100] Murr galt als milder Richter. Er verlor im Zuge der Entnazifizierung seine Richterstelle nicht und beendete seine berufliche Laufbahn als Vizepräsident des Oberlandesgerichtes Innsbruck.

Die Anklage wurde, wie schon im Verfahren gegen Heinrich Heinen wegen Rassenschande, von Oberstaatsanwalt Dr. Herbert Möller vertreten.

In der Verhandlung vor dem Sondergericht vom 19. Mai 1943 ging es vor allem um die Frage, welchen Beitrag die einzelnen Angeklagten bei der Überwältigung der beiden Wachebeamten geleistet hatten und ob die beiden Jugendlichen „frühreif" und deshalb dem Erwachsenenstrafrecht zu unterstellen seien.

Letztere Frage war bei dem zur Tatzeit siebzehn Jahre und vier Monate alten Othmar Rathgeb allerdings nicht zu prüfen. Denn eine gewaltsame Beteiligung des jungen Schweizers, der aus Heimweh heimlich in die Schweiz zurückkehren hatte wollen, an der Überwältigung von Schwendinger und den beiden Wachebeamten, wurde weder von den Mitangeklagten, noch von den als Zeugen vernommenen Gefangenenhausaufsehern behauptet. Die Richter kamen zu dem Schluss, Rathgeb sei „gezwungenermassen sozusagen stiller Zuschauer" gewesen. Er habe auch in der Aufnahmekanzlei keine Kleidungsstücke oder sonstigen Gegenstände an sich genommen. Rathgeb wurde daher von der Anklage der Mittäterschaft an einem Gewaltverbrechen sowie des Diebstahls freigesprochen. Für seinen am 20. August 1942 versuchten Grenzübertritt in die Schweiz wurde er jedoch nach der Passstrafenverordnung zu einer Gefängnisstrafe von drei Monaten verurteilt. Da sich Rathgeb seit 20. August 1942 bis zum Freispruch vom 19. Mai 1943 in Untersuchungshaft befunden hatte, war diese Strafe bereits durch die Untersuchungshaft verbüßt. Er wurde schließlich am 3. Juni 1943 enthaftet und der Gestapo Bregenz übergeben. Wie er in der Folge in die Schweiz zurückkehrte, ist nicht bekannt. Rathgeb ist um das Jahr 2000 in Basel verstorben. Seiner Frau hat er von seinen Erlebnissen in der Haftanstalt von Feldkirch nie erzählt.[101]

Bei dem zur Tatzeit sechzehn Jahre und fünf Monate alten Erwin Kermer, der seine Beteiligung am gewaltsamen Ausbruch und auch den Diebstahl von Bekleidungsstücken und sonstigen Gegenständen zugab, prüfte das Sondergericht hingegen, ob er in seiner geistigen und sittlichen Entwicklung einer Person gleichzusetzen sei, „die das 18. Lebensjahr überschritten hat". Der hiezu vom Sondergericht vernommene medizinische Sachverständige gelangte zu der Beurteilung, „daß Kermer zwar keinen Rückstand in seiner geistigen und sittlichen Entwicklung im Vergleich zu seinem Alter aufweise, dass aber auch kein Vorsprung besteht". Die Richter schlossen sich dieser Beurteilung an und kamen zu der „Überzeugung, dass die geistige und sittliche Reife einer 18-jährigen Person bei Kermer nicht gegeben ist, daher die VO. zum Schutze gegen jugendliche Schwerverbrecher vom 4.10.1939, nicht Platz greifen kann. Es sind daher dem Angeklagten, der zur Tatzeit 16 Jahre und 5 Monate alt war, die Begünstigungen des Jugendgerichtsgesetzes zuzubilligen." Dank dieser Beurteilung drohte Kermer nicht mehr die Todesstrafe. Das Sondergericht verurteilte ihn wegen Mittäterschaft an einer schweren Gewalttat, versuchten Grenzübertrittes in die Schweiz, Gesellschaftsdiebstahls und unbefugter Aufgabe eines Lehrverhältnisses zu einer Gefängnisstrafe von eineinhalb Jahren.

Erwin Kermer wurde am 23. Juni 1943 zur Verbüßung dieser Strafe in das bayrische Jugendgefängnis Niederschönenfeld verlegt. „Aus arbeitstechnischen Gründen" wurde er am 14. Juli 1943 von dort in das Gefängnis von Stuhm, Westpreußen, das heute zu Polen gehört, verlegt. Kermer überlebte die Haft und die Zeit des Krieges und kehrte nach Wien zurück. Er wurde Schlosser und starb in Wien im Jahr 1982.

Paul Schwetling, der Mann, der vor seiner missglückten Flucht in die Schweiz in Lindau auf einem Stuhl übernachtet hatte, wurde nach seiner Festnahme nach dem gescheiterten Gefängnisausbruch in der Haftanstalt zunächst in einer Einzelzelle eingesperrt. „Nach einiger Zeit begann er auffällig zu werden, er wurde renitent, verbarrikadierte die Eingangstür zur Zelle, wollte niemanden hereinlassen, ging in der Zelle herum und redete verwirrt." Medizinalrat Dr. Nikolaus Wlad aus Feldkirch, der ihn über Auftrag des Oberstaatsanwaltes während des Ermittlungsverfahrens psychiatrisch begutachtete, kam in seinem schriftlichen Gutachten vom 5. November 1942 zu dem Schluss, dass bei Schwetling eine Haftpsychose vorliege, ein „Zustand von Scheinblödsinn (Ganser-Zustand)", „entstanden auf psychopathischer Grundlage in unmittelbarem Zusammenhang mit dem eindrucksvollen Erlebnis seiner misslungenen Flucht und unter dem Eindruck der dadurch zu erwartenden strengen Bestrafung, als eine abnorme seelische Reaktion." Ein Simulieren sei nicht anzunehmen, ein beginnender schizophrener Prozess nicht auszuschließen.

In der Verhandlung vom 19. Mai 1943 erstattete ein zweiter Gutachter, Medizinalrat Dr. Hans Steiner vom Gesundheitsamt des Landrates von Feldkirch, ein weiteres psychiatrisches Gutachten über Schwetling. Auch er kam zu dem Schluss, dass Schwetling geisteskrank und nicht voll zurechnungsfähig sei. Vermutlich liege eine Schizophrenie vor. Die Differenzialdiagnose solle nach eingehender Beobachtung erfolgen, wozu die Aufnahme in eine psychiatrische Klinik notwendig sei. Medizinalrat Dr. Steiner zitierte den Oberwachtmeister der Haftanstalt Edwin Dörler, der über Schwetling angegeben hatte: „Es ist mir zeitweise aufgefallen, dass er, wie man so sagt, einen Vogel hat. Der Zustand ist wechselnd. Er sitzt oft stundenlang am gleichen Platz, starrt vor sich hin, spricht nicht, nimmt von seiner Umgebung keine Notiz (...)" Und ein Zellengenosse, der zeitweilig mit Schwetling beisammen war, hatte berichtet, dass er Schwetling noch nie lachen gesehen habe. „Er weint oft ohne ersichtlichen Grund. Sehr häufig schüttelt er durch lange Zeit den Kopf, als ob er mit sich selbst sprechen würde (...) Auch tut er so, als ob er lichtscheu wäre und frieren würde. Er deckt sich den ganzen Tag mit einer Bettdecke zu, wenn er auf dem Stuhl sitzt und bei Nacht zieht er die Decke ganz über die Ohren, sodass man von ihm nichts mehr sieht." Vieles deute daher darauf hin, dass Schwetling gemüts- und nervenkrank sei.

Das Sondergericht trug all dem Rechnung und schied das Verfahren gegen Paul Schwetling in der Hauptverhandlung vom 19. Mai 1943 zur weiteren Untersuchung von Schwetlings Geisteszustand aus. Schwetling wurde in der Folge zeitweilig in das Gefängnis von Bregenz verlegt. Schließlich kam es am 23. September 1943 zur neuerlichen Hauptverhandlung gegen ihn. Bei dieser kam das Sondergericht zu der Beurteilung, dass Schwetling beteiligt gewesen sei, „den Gefängnisbeamten Nachbauer zu Fall und auf den Boden zu bringen und mit behilflich war, den Gefangenenbeamten Bargetz vom Gang in die Zelle gewaltsam hineinzuziehen, wobei er ihn würgte." Er sei auch am Diebstahl von Gegenständen aus der Aufnahmekanzlei beteiligt gewesen und habe vorschriftswidrig versucht, in die Schweiz zu kommen. Dadurch habe er auch versucht, sich dem Wehrdienst zu entziehen. Ausführlich setzte es sich dann mit der geistigen Verfassung von Schwetling und den dazu erstatteten Gutachten der medizinischen Sachverständigen auseinander, wobei es sich deren Meinung anschloss, dass die geistigen Fähigkeiten des Angeklagten wesentlich herabgemindert gewesen seien. Schwetling habe nicht die geistige Reife eines Jugendlichen unter achtzehn Jahren, in mancher Beziehung erreiche er „nicht einmal die geistige Reife eines ausgeschulten Volksschülers". Im Urteil heißt es dann:

> „Bei der nun angenommenen und von den Sachverständigen festgestellten geistigen Verfassung des Angeklagten kann das Sondergericht Schwetling nicht mit Beruhigung dem Tätertyp eines Gewaltverbrechers unterstellen (siehe Reichsgerichtsentscheidung 28/42). Schwetling kann auch bei Berücksichtigung der Bedürfnisse der Kriegszeit nicht als so gemeinschaftsgefährlich angesehen werden, dass er nach dem gesunden Volksempfinden nur den Tod verdienen würde. Schwetling war an der Ausarbeitung des Flucht-

planes nicht beteiligt, er war nur ein Mitläufer. Das Sondergericht kann zusammenfassend dem Angeklagten Schwetling die Eigenschaft eines Gewaltverbrechers nicht zuerkennen."

Schwetling wurde daher nicht wegen eines Verbrechens nach der Gewaltverbrecher-Verordnung, sondern wegen öffentlicher Gewalttätigkeit nach dem (auch nach dem „Anschluss" Österreichs an das Deutsche Reich weiter anzuwendenden) § 81 des österreichischen Strafgesetzes, sowie wegen versuchten Passvergehens, Wehrdienstentziehung und Gesellschaftsdiebstahls schuldig gesprochen.

In der fortgesetzten Verhandlung vom 23. September 1943 hatte der Oberstaatsanwalt auf Grund der medizinischen Gutachten nicht mehr die Todesstrafe, wohl aber eine Zuchthausstrafe von acht Jahren beantragt. Das Sondergericht verhängte aber nur eine Zuchthausstrafe von vier Jahren. Wegen der „geistigen Verfassung des Angeklagten, seiner geringen Einsicht, seiner fixen Idee, geschlechtskrank zu sein", liege nur ein minder schwerer Fall nach § 5 der Kriegssonderstrafrechtsverordnung vor.

Das Reichsjustizministerium in Berlin rügte mit Erlass vom 16. November 1943 diese Strafe als zu milde. Der Oberstaatsanwalt legte daraufhin am 25. November 1943 die Akten dem Oberreichsanwalt beim Reichsgericht in Leipzig, dem obersten Ankläger des Deutschen Reiches, zur Prüfung der Frage vor, ob gegen das Urteil des Sondergerichtes „die Nichtigkeitsbeschwerde zu erheben ist mit dem Ziele, ein Todesurteil zu erwirken." Dies war die einzige Möglichkeit, das Urteil des Sondergerichtes, gegen das es sonst keine Rechtsmittel gab, zum Nachteil des Angeklagten abzuändern.

Im Falle von Paul Schwetling äußerte der Oberreichsanwalt nunmehr jedoch Bedenken an der Zuständigkeit des Gerichtes, das Schwetling verurteilt hatte. Schwetling habe vom Tage seiner Einberufung an der Gerichtsbarkeit der Wehrmacht unterstanden. Es habe eine ausschließliche Zuständigkeit der Wehrmachtsgerichte bestanden, das Sondergericht in Feldkirch sei daher für ihn nicht zuständig gewesen. „Die Erhebung der Nichtigkeitsbeschwerde würde voraussichtlich dazu führen, daß das Verfahren unter Aufhebung des anzufechtenden Urteils eingestellt wird, um eine verfahrensrechtliche Grundlage für die weitere Verfolgung durch das Feldgericht zu schaffen."

Damit war der Fall aber noch nicht abgeschlossen. Am 17. Mai 1944 legte der Oberreichsanwalt die Akten samt einem umfangreichen Bericht dem Reichsminister der Justiz in Berlin vor. Welche Maßnahmen dort getroffen wurden, ist nicht bekannt.

Paul Schwetling verblieb nach seiner Verurteilung vom 23. September 1943 noch fast zwei Monate in der Haftanstalt in Feldkirch. Für die Zwecke des Strafvollzugs wurde er der Kategorie „Gestrauchelter" zugeordnet. Als Gestrauchelte wurden Erst- und Gelegenheitstäter bezeichnet, die durch Abschreckung, Erziehung und Disziplinierung wieder in die Volksgemeinschaft eingebunden werden sollten.

Schwetling wurde am 12. November 1943 von Feldkirch in das Zuchthaus Bruchsal bei Karlsruhe verlegt. Von dort kam er am 28. März 1944 in das Zuchthaus Straubing in Niederbayern, wo er, wie die Zuchthausverwaltung dem Landgericht Feldkirch mitteilte, am 26. Mai 1944 an „Broncho Pneumona", einer Lungenentzündung, starb. Zum Zeitpunkt seines Todes be-

Foto von Friedrich Frolik aus dem von der Polizeidirektion in Budweis ausgestellten Führerschein (KLs 12/43 LG Feldkirch)

schäftigte sich das Reichsjustizministerium immer noch mit der Frage, ob gegen ihn nicht doch noch ein Todesurteil erwirkt werden könne.

Friedrich Frolik, der junge Tscheche, der die Ill mit dem Rhein verwechselt hatte und wegen der Ungeschicklichkeit seines Freundes dort am 25. August 1942 im Gras liegend festgenommen wurde, stammte aus einer kinderreichen Familie. Er hatte acht Geschwister, zwei Schwestern und sechs Brüder. Sein Vater war Eisenbahner. Von 1911 bis 1917 lebte die Familie in Klagenfurt. Friedrich oder Bedrich, wie er in tschechischen Urkunden genannt wird, wurde im Jahre 1915 dort geboren. Er erlernte den Beruf eines Installateurs und arbeitete später als Kraftwagenlenker. Gearbeitet hat er in Budweis und anderen böhmischen Städten wie Prag, Pisek und Vlasim. Im Krieg war er Schneepflugfahrer an der Ostfront. Später arbeitete er für die Organisation Todt. Als einziger seiner Familie hat er nach der

Erste Seite des Briefes von Friedrich Frolik an seine Mutter und
Geschwister vom 23. September 1942 (KLs 12/43 LG Feldkirch)

Schaffung des Protektorats Böhmen und Mähren die
tschechische Staatsbürgerschaft niedergelegt und die
deutsche angenommen. 1940/41 hatte er seinen Wohnsitz bei seinen Eltern in Budweis. Von dort ist er am
30. August 1941 nach Linz übersiedelt.

Von Friedrich Frolik ist ein Brief erhalten, den er am
23. September 1942 an seine Mutter „Frau Josefine
Frolik, Budweis, Gratznerstrasse 243 d, Protektorat"
geschrieben hat. Er schreibt darin in gebrochenem
Deutsch und mit vielen Fehlern:

„Meine Liebe, Goldenne Mutter und alle Geschwister,
  Grüße aus Feldkirch sendet Sein Sohn Friz.
Muti ich bin gesund und hab ich alles Gute,

wie lang bleib ich hier, weis ich nicht. Ich bitte schreiben sie mir gleich, was ist los in Heimat und sind sie gesund? Alle? Was machen Alle? Milousch, Jirka, Pepi, Wenzl, hat faiertag dann schick ich auch Grus für aller, Und Heinrich, Ulrich, und schweigerin Nelly, ich freue mich auf wiedersehen, in heimat.

Liebe Mutti, gehst du mir zur meine schneider, auf Linzerstrasse, dann hab ich der Wintermantl zu machen bei schneider Mikolas, wenn fertig ist, nehm den mantl gleich zu hause und einen sacko, rock, und zahlst du alles, schon komm ich dan machma rechnung. Und franzi wintzsch von mir der filz auf stiffel für ihme frau Masa. Der ist in kredenz, aber nur halb weißt du? Schicken sie mir nicht, nur briefe, was machen sie, und wie, gesund sein sie. Muti jetzt must du mit meine bruder am denktmal am friedhof bei fater, schon kaufen, aber oder ainrichtung ales, und wenn komm ich, dann mach ich alles allein. Und Ulrich gibs du mir zur putzerei Fusl (?), mein rock der braun, noch futter und der hut braun ja? Fergist du nicht. Und machen Sie sich keine Sorge um mich, ich hab alles Gutte.

Jetzt Grüs ich auch meine mädl Anni und gehen sie zur ihm und sagen sie was ist mit mir, bin ich in Untersuchungshaus in Feldkirch, und kom ich nach der Untersuchungen. Bitte schreiben sie mir gleich in deutsche schprache zurück auf meine Adrese in kuwert. Ich werde schreiben jede 14 tage und sie schreiben sie mir jeder woche! Ja?

Jetzt file Grüse von mir, und Muti ich sende dein file küse. Und für Jirka und Milaus auch.

> Kaufen sie zur friedhof auf grab meine fatter blume.
> auf wiedersehn. Fritz
>
> und Anni kann auch schreiben zu mir ja?

Froliks Brief an die „Goldenne Mutter und alle Geschwister" wurde an den Volksgerichtshof in Berlin weitergeleitet und ist dort am 26. September 1942 eingelangt. Der Volksgerichtshof leitete den Brief jedoch wieder an das Landgericht Feldkirch zurück, wo er – aus welchen Gründen auch immer – nicht an Froliks Mutter weitergeleitet wurde. Noch heute liegt der Brief bei den Akten. Irgendjemand hat allerdings die Briefmarke auf dem Kuvert ausgeschnitten.

Wann Froliks Mutter, seine Geschwister und sein Mädel Anni je von seinem Schicksal erfahren haben, lässt sich heute nicht mehr feststellen. Frolik selbst ahnte beim Schreiben dieses Briefes nicht, dass er nie mehr nach Hause zurückkehren werde. Dass er wegen seiner Beteiligung am Gefängnisausbruch zum Tode verurteilt werden könnte, lag zu diesem Zeitpunkt wohl gänzlich außerhalb seines Vorstellungsvermögens. Wahrscheinlich ist ihm erst in der Hauptverhandlung vom 19. Mai 1943 bewusst geworden, in welches Verhängnis er durch diese Flucht geraten ist, als Oberstaatsanwalt Dr. Herbert Möller den Tod für ihn forderte. Nach einem Bericht von Adolf Hermann, der an der Verhandlung als Dolmetscher für die tschechische Sprache teilgenommen hatte, wurde auch Froliks Verteidiger Dr. Tarter von diesem Antrag überrascht. Der Dolmetscher schrieb jedenfalls am 24. Mai 1945 an die Feldkircher Ortsgruppe der österreichischen Widerstandsbewegung, dass der Verteidiger nach dem Antrag

> **Feldkirch**
> **Gewalttäter zum Tode verurteilt**
> Das Sondergericht Feldkirch hat am 19. Mai Friedrich Frolik zum Tode verurteilt, weil er gemeinsam mit anderen Zelleninsassen zwei Gefangenaufseher überfiel und durch schwere Gewaltanwendung wehrlos machte.
>
> *
>
> **Feldkirch.** Allerlei. Die Sammelstelle f. Spinnstoffe u. Schuhwaren d. Ortsgruppe Feldkirch-Mitte befindet sich in der Schmiedgasse 14 und ist täglich von 17 bis 18.30 Uhr geöffnet. — Getraut wurden der Gefreite Magazineur Alois Kurz und Elisabeth Dona, beide von Schlins, und der Obergefreite Karl Gächter-Egle von Koblach mit Alma Heinzle von Nofels. — Im 69. Lebensjahr verstarb der Bahnmeister i. R. Johann Lindner nach langer, schwerer Krankheit. — Ein Frächter fuhr mit einem Lastkraftwagen, der mit 4000 kg

Der Vorarlberger Landbote vom 29. Mai 1943 meldete die Verurteilung von Friedrich Frolik zum Tode.

des Oberstaatsanwaltes auf Verhängung der Todesstrafe im Verhandlungssaal erklärt habe, „dass damit seine ganze Verteidigung zusammenstürze, weil nach menschlichem Ermessen ein solcher Antrag nicht zu erwarten" gewesen sei.[102]

Die Richter des Sondergerichts qualifizierten Froliks Beteiligung an der Überwältigung der Wachebeamten als Gewalttat im Sinne der Gewaltverbrecher-Verordnung:

> „Es bedarf keiner weiteren Ausführung, dass die Gewaltanwendung gegen die Wachebeamten als eine schwere Gewalttat im Sinne der VO. vom 5. 12. 1939, RGBl. I, S. 2377, zu erkennen ist, sie offenbarte sich in einem heimtückischen Überfall, im Würgen des Aufsehers Nachbaur mit einem Handtuch, in der Wehrlosmachung des Aufsehers Bargetz und in der Bedrohung mit der Pistole. Es liegt nach Ansicht des Sondergerichtes

```
                                                    KLs 12/43

             Im Namen des Deutschen Volkes !

       Das Sondergericht beim Landgericht Feldkirch hat in der Straf-
  sache gegen:
  1. Friedrich  F r o l i k , geboren am 15/7 1915 in Klagenfurt, rk.,
     led.,des Rudolf und der Josefine Troka, deutscher Reichsangehö-
     rigen, Kraftfahrer aus Linz a/D, nun in Untersuchungshaft,
  2. Paul  S c h w e t l i n g, geboren am 16/8 1912 in Labbab,Land-
     kreis Angerburg, evang.,led., d.R.,des Rudolf und der Auguste
     Kipka, Tankwart aus Jenau - Ostpreussen -, nun in Untersuchungshaft
  3. Erwin  K e r m e r, geboren am 26/3 1926 in Wien, a/e der Vik-
     toria Kynes, Adoptivsohn des Johann Kermer, rk., led., d.R.,
     Tischlerlehrling aus Wien, nun in U-Haft,
  4. Othmar  R a t h g e b, geboren am 27/4 1925 in Basel, evang.,
     led., Schweizer Staatsangeh.,des Hans und der Anett Sigrist,Le-
     borant aus Basel,nun in U-Haft,
  wegen Gewaltverbrechens u.a. in der öffentlichen Hauptverhandlung
  am 19.Mai 1943, an der teilgenommen haben: als Vorsitzer:Landge-
  richtsrat Dr.Weident Dr.Mocher, als Beisitzer: LGD Dr.Böhm und AGR Dr.
  Würr, als Vertreter der Anklagebehörde: OStA Dr.Möller, als Ur-
  kundsbeamter: Gertrud Damiaux, folgendes
                                 U r t e i l
  erlassen:
       1. Der Angeklagte Othmar Rathgeb wird wegen versuchten Grenz-
  übertrittes in die Schweiz am 20/8 1942 zu einer Gefängnisstrafe in
  der Dauer von drei Monaten und zur Tragung der Kosten des Strafver-
  fahrens verurteilt.
       Auf die Haft wird die U-Haft vom 20/8 1942, 12 Uhr bis 19/5
  1943, 18 Uhr angerechnet. Die Strafe erscheint dadurch verbüsst.
       Rathgeb wird von der Anklage des Verbrechens des Diebstahls und
  des Gewaltverbrechens freigesprochen.
       2. Die Angeklagten Friedrich Frolik und Erwin Kermer werden
  wegen versuchten Grenzübertrittes in die Schweiz im August 1942,wegen
  Gesellschaftsdiebstahls von Sachen im Werte von mindestens 1000 RM
  am 30/8 1942 in Feldkirch, Kermer überdies wegen unbefugter Aufgabe
  des Lehrverhältnisses im Juni 1942 in Wien und die beiden Angeklagten
  als Mittäter wegen Verübung einer schweren Gewalttat beim gewalt-
  samen Ausbruch aus der Haftanstalt in Feldkirch nach Überwältigung
  eines Mitgefangenen und zweier Aufseher am 30/8 1942 verurteilt,und
  zwar
```

Erste Seite des Urteils des Sondergerichtes beim Landgericht Feldkirch gegen Friedrich Frolik, Paul Schwetling, Erwin Kermer und Othmar Rathgeb vom 19. Mai 1943 (KLs 12/43 LG Feldkirch)

eine schwere Gewalttat vor, bei der Waffen und zum Teil gleichgefährliche Mittel, als Würgen mit einem Handtuch und mit der Hand bis zum Brechen des Widerstandes angewendet wurde."

Neben dieser Gewalttat wurde Frolik auch wegen Diebstahls und Passvergehens schuldig gesprochen. In der schriftlichen Urteilsausfertigung heißt es:

„Er wurde am 25. 8. 1942 gegen 15 Uhr am linken Illdamm kurz vor der Einmündung der Ill in den Rhein aufgegriffen. Das Aufsuchen einer so abgelegenen Gegend unmittelbar vor der Schweizergrenze hat mit einem harmlosen Spaziergang nichts zu tun, die Ausrede des Angeklagten verfängt nicht. Das Sondergericht nimmt daher an, dass Frolik die Gegend vor der Reichsgrenze erspähen wollte, um sodann die Schweiz zu erreichen (...) Der Angeklagte Frolik war daher im vollen Umfange der Anklage schuldig zu erkennen. Über ihn war, da § 1 der GewaltverbrecherVO. die Todesstrafe zwingend vorschreibt, die Todesstrafe zu verhängen."

Der Gerichtsbedienstete Erwin Sonderegger erzählte mir fünfzig Jahre später von dem Entsetzen, das er im Gesicht des jungen Tschechen nach Verkündung des Todesurteils gesehen hatte, als dieser wieder zurück in die Zelle der Haftanstalt geführt wurde.

Frolik stellte ein Gnadengesuch, dessen Wortlaut nicht bekannt ist. Die Richter des Sondergerichtes unterstützten und befürworteten es. Vergeblich. Friedrich Frolik fand keine Gnade. Am 2. Juli 1943 wurde er von dem in der NS-Zeit für Süd- und Mitteldeutschland sowie Österreich und Böhmen zuständigen Scharfrichter Johann Reichart im Gefängnis München-Stadelheim mit dem Fallbeil hingerichtet. Über 3.000 Männer und Frauen hat Reichart in dieser gnadenlosen Zeit hingerichtet. Unter ihnen befand sich auch die einundzwanzigjährige Sophie Scholl von der Widerstandsgruppe „Weiße Rose". Auf Befehl der amerikanischen Militärregierung richtete Reichart nach dem Krieg auch 156 Nazigrößen am Galgen hin.[103]

„Ich bitte daher, mir meine Frau wiederzugeben." – Das Schicksal der Helene Krebs

Die Flucht von Edith Meyer aus dem Ghetto von Riga beschäftigte die Gestapo in Düsseldorf auch nach dem Tod von Heinrich Heinen und der Überstellung von Edith Meyer in das Polizeigefängnis Innsbruck weiter. Aufgrund der von Paula Berntgen am 11. Mai 1942 erstatteten Anzeige ermittelte sie während mehrerer Monate gegen Helene Krebs wegen Fluchthilfe.[104]

Wegen „Evakuierungsaktionen" hatte sich die Bearbeitung dieser Sache verzögert, wie die Gestapo Düsseldorf in einem Aktenvermerk festhielt. Von diesen „Evakuierungsaktionen" war auch die sechsundsiebzigjährige Mutter von Helene Krebs, Wilhelmine Berg, betroffen, die am 25. Juli 1942 in das Konzentrationslager Theresienstadt deportiert wurde, wo sie am 20. Januar 1943 starb.

Helene und Paul Krebs waren beide am 17. August 1942, um 17 Uhr, verhaftet und in das Polizeigefängnis Wuppertal gebracht worden. Beide bestritten bei Einvernahmen vom 18. und 19. August 1942, wie schon zuvor am 20. Mai 1942, dass sie Heinrich Heinen und Edith Meyer am 30. April 1942 in ihrer Wohnung beherbergt hätten.

Paul Krebs wurde in der Folge am 19. August 1942, um 09.15 Uhr wieder aus der Haft entlassen, weil er als Facharbeiter der Bergischen Metallwaren-Fabrik Deppmeyer & Co. für die Fertigstellung von Rüstungsaufträgen dringend benötigt wurde und dort unabkömmlich war. Helene Krebs hingegen blieb weiter in Haft.

Am 26. August 1942 langten die Vernehmungsniederschriften von Heinrich Heinen und Edith Meyer in

Foto von Helene Krebs mit Geschwistern und Mutter; v.l.n.r: Emma Schubert, geb. Berg, Alfred Berg, Martha Hoffmann, geb. Berg, Karl Berg, Helene Krebs, geb. Berg, Hermann Berg, sitzend: Mutter Wilhelmine Berg, geb. Salomon (Foto: Sammlung Günter Schmitz)

Düsseldorf ein. Die Staatspolizeileitstelle Düsseldorf wies daraufhin am 1. September 1942 die Stapo-Außenstelle Wuppertal an, gegen die Jüdin Helene Krebs „Schutzhaft und Überweisung in ein Konzentrationslager" zu beantragen. Gleichzeitig ordnete sie die neuerliche Festnahme von Paul Krebs an: „Der deutschblütige Ehemann Paul Krebs ist erneut festzunehmen und Schutzhaftantrag unter gleichzeitiger Überweisung in ein Konzentrationslager für die Dauer von drei Monaten gemäß den einschlägigen Verfügungen über das Verhalten von Deutschblütigen gegenüber Juden zu stellen." Auf Grund dieser Anweisung wurde Paul Krebs am 9. September 1942 neuerlich festgenommen.

Als sie mit den Aussagen von Heinrich Heinen und Edith Meyer, die in Feldkirch die Angaben von Paula und Willi Berntgen bestätigt hatten, konfrontiert wurden, gaben Helene und Paul Krebs „auf eindringliche Ermahnung" bei Einvernahmen vom 7. und 15. September 1942 zu, dass Edith Meyer und Heinrich Heinen in ihre Wohnung gekommen seien. Edith Meyer sei acht Nächte dort geblieben. Die Aussage von Paul Krebs schließt mit den Worten: „Ich bin ein Opfer meiner Gutheit geworden."

Paul Krebs wurde am 18. September 1942 neuerlich, wenn auch nur „vorläufig", aus der Haft entlassen. Die Bergische Metallwarenfabrik hatte auch nach dieser zweiten Verhaftung von Paul Krebs bei der Gestapo Wuppertal und beim Rüstungskommando Düsseldorf des Reichsministeriums für Bewaffnung und Munition interveniert und dessen Freilassung verlangt, da Paul Krebs für die termingerechte Fertigstellung wichtiger Rüstungsaufträge unabkömmlich sei.

Die Staatspolizeileitstelle Düsseldorf stellte daher den gegen ihn gestellten Antrag auf „Überweisung in ein Konzentrationslager" aus kriegswirtschaftlichen Erwägungen „vorläufig" zurück.

Ende September 1942 wurde vom leitenden Polizeiarzt des Wuppertaler Polizeigefängnisses festgestellt, dass Helene Krebs im 3. oder 4. Monat schwanger sei. Die Stapo-Außenstelle Wuppertal war daher der Meinung: „Die vorgesehene Inschutznahme und Überweisung in ein Konzentrationslager kann aus diesem Grund nicht erfolgen." Damit war aber die Stapo-Leitstelle Düsseldorf nicht einverstanden und wandte sich mit einem von Regierungsrat Breder gezeichneten Schreiben am 14. Oktober 1942 wie folgt an das unter der Leitung von Adolf Eichmann stehende Referat für Judenangelegenheiten im Reichssicherheitshauptamt in Berlin:

> „Die Jüdin Krebs sollte wegen Beihilfe zur Flucht der Jüdin Meyer einem Konzentrationslager zugeführt werden. Sie ist seit 14.1.1933 mit dem deutschblütigen Paul Ludwig Krebs verheiratet. Da die Ehe seit ca. 10 Jahren besteht und bisher kinderlos ist, liegt die Annahme nahe, daß mit der Zeugung eines Mischlings eine evtl. eintretende Evakuierung unmöglich gemacht und weitere Privilegien geschaffen werden sollten."

Die Stapo-Leitstelle Düsseldorf wollte offenbar ein Exempel statuieren. Der Brief schließt nämlich mit folgenden Ausführungen:

> „Die Hauptverantwortung für die Beherbergung der flüchtigen Jüdin trägt die Ehefrau Krebs. Wenn schon der Ehemann Krebs im Interesse der Kriegsproduktion vorläufig staatspolizeilicherseits nicht belangt wird, so scheint es doch nicht vertretbar, auch seine jüdische Ehefrau mit Rücksicht auf die Schwangerschaft ebenfalls außer Verfolgung zu setzen. Ich bitte daher um Weisung, ob nicht in diesem Sonderfall, entgegen den allgemeinen Richtlinien, Schutzhaftantrag über die Jüdin Krebs gestellt werden kann."

Der Historiker Holger Berschel schreibt dazu in seiner Untersuchung über das Düsseldorfer Judenreferat:

> „Fast alle Gestapobeamten haben sich in ihrer Verteidigung nach dem Krieg darauf berufen, dass ihre Entscheidungsfreiheit zugunsten der Opfer durch Erlasse sehr eingeschränkt gewesen sei

und es keinen Ermessensspielraum gegeben habe. In diesem Fall setzte der stellvertretende Chef der Gestapoleitstelle Düsseldorf alle Hebel in Bewegung, um entgegen der Erlasslage, und damit ohne Not, eine schwangere Frau ins KZ zu bringen."[105]

Die Anfrage an das Reichssicherheitshauptamt brachte den gewünschten Erfolg. Am 6. November 1942 langte ein von „Gestapo-Müller", Dr. Heinrich Müller, dem Chef der Geheimen Staatspolizei im Reichssicherheitshauptamt in Berlin unterzeichnetes Fernschreiben in der Stapo-Leitzentrale Düsseldorf ein, in dem für Helene Krebs „Schutzhaft bis auf weiteres" angeordnet wird. Wort für Wort wird angeordnet, wie der Schutzhaftbefehl zu begründen sei:

> „Sie gefährdet nach dem Ergebnis der staatspolizeilichen Feststellungen durch ihr Verhalten den Bestand und die Sicherheit des Volkes und Staates, indem sie dadurch, dass sie einer aus dem Ghetto in Riga geflüchteten Jüdin in ihrer Wohnung Unterschlupf gewährt, behördliche Maßnahmen sabotiert und erwarten lässt, sie werde die Freiheit weiterhin zur Schädigung der Belange des Deutschen Volkes und Reiches missbrauchen."

Im Fernschreiben wird sodann angeordnet, dass Helene Krebs in das „KL Auschwitz, Frauenabtl." zu überführen sei. „KL ist über den Zustand der Krebs zu unterrichten".

Paul Krebs versuchte nun alles in seiner Macht Stehende, um eine Überstellung seiner schwangeren Frau nach Auschwitz zu verhindern. Am 3. Dezember 1942 richtete er folgendes „Bittschreiben" an die Geheime Staatspolizei Düsseldorf:

> „Ich trete heute an die dortige Stelle mit einer Bitte für meine Ehefrau heran in der Hoffnung, daß dieser Bitte stattgegeben wird, wenn man die nachstehende Begründung auch nur in etwa berücksichtigt.
>
> Ich bin in der Bergischen Metallwarenfabrik Deppmeyer und Co. Solingen Saarstr. 10–13 und zwar Spezialfachmann als Werkzeugmacher und Vorrichtungsbauer. Ich glaube, von mir sagen zu dürfen, daß ich auf diesem Gebiet in der Firma der einzige bin, der als Spezialfachmann während des ganzen Krieges bei den kriegswichtigen Aufträgen meiner Firma meine Pflicht bis zum Letzten getan habe und nicht nur die vorgeschriebenen Stunden, sondern weit über 80 Stunden in der Woche gearbeitet habe.
>
> Ich bin Soldat des Weltkrieges und bei Verdun verwundet worden.
>
> Ich habe jetzt auch das Kriegsverdienstkreuz erhalten. Politisch habe ich mich früher nie betätigt und gehöre zu den Elementen, die bestimmt staatserhaltend sind, und mir nimmt man jetzt meine Frau. Weswegen? Wegen einer Unvorsichtigkeit, die ihr aus rein menschlichen Motiven unterlaufen ist. Ich weiß es, meine Frau ist Nichtarierin und hat infolgedessen im heutigen Staat kein Recht; aber sie ist nun einmal meine Frau und trägt ein Kind von mir unter dem Herzen. Seit Monaten ist sie nun verhaftet, weil sie einem jungen Mädchen, Edith Meyer, die Jüdin ist, ein Nachtquartier gewährt hat.

Erste Seite des Bittschreibens von Paul Krebs
(Landesarchiv Nordrhein-Westfalen – Abteilung Rheinland –
RW 58 Nr. 52490, Bl.75)

Für mich ist das Leben nicht mehr lebenswert, wenn man mein Familienleben vernichtet. Die Familie meiner Frau lebt seit über 400 Jahren im Bergischen Land [106] und auch die Geschwister sind alle mit Ariern verheiratet. In der Familie ist wirklich keine jüdische Gesinnung und keine jüdische Einstellung. Jetzt soll meine Frau nach Polen verschickt werden, und ich weiß nicht, wohin sie kommen soll und was aus ihr wird.

Fernschreiben des Reichssicherheitshauptamtes Berlin an die
Staatspolizeistelle Düsseldorf mit dem Auftrag, für umgehende
Überführung von Helene Krebs in das Konzentrationslager
Auschwitz besorgt zu sein (Landesarchiv Nordrhein-Westfalen
– Abteilung Rheinland – RW 58 Nr. 52490, Bl.79)

Meine Bitte geht nun dahin, mich zu bewahren vor diesem Schicksalsschlag und zu berücksichtigen, daß ein deutscher Mann, der im Weltkrieg seine Pflicht getan hat und der jetzt jeden Tag, wie bei der Firma nachgeprüft werden kann, bis zum Letzten seine Pflicht für sein Vaterland tut und der jetzt ein Kind erwartet, auch eine Ehre im Leib hat und schließlich zugrundegeht und sein eigenes Leben vernichten muß, wenn er sieht, daß das Leben für ihn wirklich nichts mehr bedeutet.

Ich bin bereit, jede Schuld auf mich zu nehmen, aber ich kann es nicht ertragen, daß das Menschenkind, mit dem man jetzt jahrelang verheiratet ist, in ein ungewisses Unglück hineingeführt wird, ohne daß man ihm helfen kann.

Das kann auch, wenn es einen Herrgott gibt, unser Herrgott nicht gutheißen, und der Führer spricht stets von einem solchen Herrgott. Ich hoffe, daß das, was ich der dortigen Stelle unterbreitet habe, Berücksichtigung finden wird.

Zum Schluß möchte ich bemerken, daß auch meine Frau ein Anrecht darauf besitzt, nicht nur Gnade, sondern auch Recht zu finden, denn ihr eigener Vater hat im Weltkrieg als deutscher Soldat sein Leben für Deutschland hingegeben.

Ich bitte daher, mir meine Frau wiederzugeben.

Heil Hitler
Paul Krebs

Dem Bittgesuch wurde nicht stattgegeben. Lapidar wies die Stapo-Leitstelle Düsseldorf am 8. Dezember 1942 die Außendienststelle Wuppertal an, „Krebs mündlich zu bescheiden, daß eine Entlassung seiner jüdischen Ehefrau aus der Schutzhaft nicht möglich ist."

Durch die Eingabe des Ehemannes wurde das Reichssicherheitshauptamt darauf aufmerksam, dass Helene Krebs immer noch im Wuppertaler Polizeigefängnis saß und eine Überstellung in das Konzentrationslager Auschwitz bislang nicht erfolgt war. Mit Fernschreiben vom 12. Dezember 1942 erteilte das Reichssicherheitshauptamt in Berlin daher der Staatspolizeistelle Düsseldorf den Auftrag, „FUER UMGEHENDE UEBERFUEHRUNG IN DAS KL AUSCHWITZ UNTER UNTERRICHTUNG DES KL UEBER DEN SCHWANGERSCHAFTSZUSTAND BESORGT ZU SEIN."

Dieser Anweisung bedurfte es jedoch nicht mehr. Helene Krebs war zu diesem Zeitpunkt bereits unterwegs nach Auschwitz, wie die Außendienststelle Wuppertal am 10. Dezember 1942 der Staatspolizeileitstelle Düsseldorf berichtete: „Die Krebs ist am 7.12.1942 nach dem K.L. Auschwitz in Marsch gesetzt worden. Die Kommandantur des genannten Lagers wurde von der Schwangerschaft der Krebs in Kenntnis gesetzt."

Am 21. Dezember 1942 berichtete die Kommandantur des Konzentrationslagers Auschwitz, dass Helene Krebs „am 10.12.1942 hier übernommen" wurde.

Am 8. Januar 1943 langte dann folgendes Telegramm des Konzentrationslagers Auschwitz bei der Stapo-Leitstelle Düsseldorf ein:

„DER VON DER DORTIGEN DIENSTSTELLE SEIT DEM 10.12.42 HIER EINSITZENDE STAATL. SCHUTZH. K R E B S HELENE, SARA, GEB. 12.9.06 IN OHLIGS, IST AM 3.1.43 UM 0750 UHR AN ANGINA PHLEGMONOSA, IM H.-KRANKENBAU I KL AUSCHWITZ VERSTORBEN.--- BEFEHLSGEMAESS WIRD ERSUCHT, DEN ANGEHOERIGEN HIERVON MITTEILUNG ZU MACHEN SOWIE IHNEN BEKANNT ZU GEBEN, DASS DIE LEICHE AUF STAATSKOSTEN EINGEAESCHERT UND DIE URNE VON AMTSWEGEN IM URNENHAIN DES HIESIGEN KREMATORIUMS BEIGESETZT WIRD. --- NACH ANGABEN DES OBG. SIND DIE NAECHSTEN ANGEHOERIGEN EHEMANN: PAUL KREBS, OHLIGS, KR. DÜSSELDORF.-

Telegramm, gezeichnet vom Kommandanten des Konzentrationslagers Auschwitz, Rudolf Höß, vom 8. Januar 1943 mit Meldung über den Tod von Helene Krebs (Landesarchiv Nordrhein-Westfalen - Abteilung Rheinland - RW 58 Nr. 52490, Bl.85)

-- GEZ. HOESS SS-OSTUBAF. U. KOMMANDANT.+

Der Tod von Helene Krebs ist auch in den Sterbebüchern von Auschwitz vermerkt.[107]

Die Staatspolizeileitstelle Düsseldorf übermittelte am 11. Januar 1943 eine Abschrift dieses Telegramms an die Außendienststelle in Wuppertal „mit der Bitte um Kenntnisnahme und Bescheidung des Ehemannes Paul."

Paul Krebs ist im Jahre 1955 verstorben. Über seine Reaktion auf die Todesnachricht berichtet die Gestapo-Akte nichts. Von Helenes Familie[108] wurde Paul nach Helenes Tod gemieden. Angehörige der Familie hatten in Berlin – vergeblich – versucht, Helenes Deportation zu verhindern und waren der Meinung, dass sich Paul nicht ausreichend bemüht habe, die Deportation seiner Ehefrau zu verhindern.[109]

Gegen Paula Berntgen und ihren Ehemann Willi wurde 1948 ein Ermittlungsverfahren wegen Denunziation eingeleitet, das jedoch eingestellt wurde, weil sich die vernommenen Polizei- und Gestapobeamten an den Fall nicht erinnern wollten und die Gestapo-Akte nicht zur Verfügung stand.

Die Frage, was Paula Berntgen bewogen hat, Helene Krebs, mit der sie früher freundschaftlich verkehrt hatte, zu denunzieren, muss daher wohl dauernd im Dunkeln bleiben. Möglicherweise spielte die Aussteuer von Edith Meyer eine Rolle, die bei den Berntgens war und deren Herausgabe Edith Meyer bei ihrem Besuch bei den Berntgens verlangt hatte.

Helene Krebs hat jedenfalls im Gestapoverfahren angegeben, Edith Meyer habe ihre Aussteuer bei den Berntgens eingestellt gehabt. Die Berntgens hingegen behaupteten, die Aussteuer von Edith Meyer um 120 Reichsmark gekauft zu haben.

Helene Krebs machte dazu am 7. September 1942 vor der Stapo-Außenstelle Wuppertal folgende Angaben:

„Die Meyer hatte mir im vergangenen Jahr, einige Monate vor ihrer Evakuierung, einen Teil ihrer Aussteuer bestehend aus etwa 10 Bettbezügen, etwa 10–12 Bettüchern, der gleichen Anzahl Kissenbezügen, eine große Anzahl Handtücher, Überhandtücher, Tischdecken, eine große Anzahl Kristall und Porzellangegenständen, als Geschenk angeboten. Bei dieser Gelegenheit war die Helga Berntgen *(Anm.: vermutlich die Tochter von Willi und Paula Berntgen)* anwesend, die uns anbot, daß ihr Vater die Sachen holen würde. Später erfuhr ich dann, daß die Sachen zu den Eheleuten Berntgen gekommen waren. Als die Meyer von ihrer Flucht bei uns weilte, wollte sie diese Aussteuergegenstände, die sie den Eheleuten B. (*Berntgen*) nur zur Verwahr gegeben hatte, abholen. Die Ehefrau Berntgen hat die Herausgabe der Sachen der M (*Meyer*) verweigert."

Da Ediths Aussteuer als jüdisches Vermögen dem Staat verfallen war, beschlagnahmte die Gestapo, als sie davon Kenntnis erhielt, die Aussteuer. Es handelte sich gemäß Beschlagnahmeverzeichnis um folgende Gegenstände:

„12 Frottierhandtücher, 2 Badetücher, 5 Gebildtischdecken, 12 Gerstenkornhandtücher, 8 Bettbezüge davon 6 Damast, 12 Kissenbezüge, 12 rotkarierte Spültücher, 6 blau und rotkarierte Handtücher, 2 Überhandtücher, 2 rot und blaukarierte Mitteldecken, 4 gestickte Nachttischdecken, 24 Servietten, 4 Leinenbettücher, 3 bunte Kaffeedecken, 1 Filletdecke, 2 Silbereinsätze, 1 Kristallständer, 3 Weingaraffen, 1 Bouwle, 1 Milchkännchen mit Zuckerschale, 1 Silberschiff mit Glaseinsetz, 14 Confeckt Tellerchen, 24 Glasteller, 1 Silberfruchtschale, 1 gemalten Obstteller, 6 kleine Obstteller, 1 Kinderservice für 6 Personen, 1 chinesisches Kaffeeservice mit Kanne, Milchkanne, Zuckerdose, 2 Tassen und 2 Teller, 1 Käseglocke, 1 Bild mit Ständer von Edith Meyer aus der Jugendzeit."

Am 10. November 1942 verfügte der Sachbearbeiter der Stapo-Leitstelle Düsseldorf:

> „Die (...) bei den Eheleuten Berntgen sichergestellten Gegenstände aus dem Besitz der evakuierten Jüdin Edith Sara Meyer bitte ich dem Finanzamt in Opladen mit dem Hinweis zu übergeben, daß die Gegenstände aus dem Besitz der am 11.12.1941 nach Riga evakuierten Jüdin Meyer stammen, die widerrechtlich der Beschlagnahme entzogen wurden. Der Oberfinanzpräsident in Düsseldorf hat heute von dem Sachverhalt Kenntnis erhalten. Die Eheleute Berntgen sind zu bescheiden, daß eine Entschädigung für die aus dem Besitz der Jüdin Meyer stammenden Gegenstände nicht geleistet und im Hinblick auf die seinerzeit erstattete Anzeige von weiteren staatspolizeilichen Maßnahmen Abstand genommen wird."

Was auch immer die Motive waren, die Paula Berntgen zur Denunziation veranlassten, für Helene Krebs hatte die Denunziation tödliche Folgen. Das gegen Helene Krebs eingeleitete Ermittlungsverfahren zeigt, mit welcher Gründlichkeit die Gestapo solchen Anzeigen nachging. Und wie wenig Menschlichkeit in dieser Zeit zählte.

Was geschah mit Edith Meyer?

Das Polizeigefängnis von Innsbruck, in das Edith Meyer am 29. August 1942 eingeliefert wurde, befand sich direkt gegenüber dem Hauptbahnhof. 1944 wurde es bei Bombenangriffen so schwer beschädigt, dass es nach dem Krieg abgerissen wurde. An seiner Stelle befindet sich heute ein modernes Bürogebäude, das „Gewerkschaftshaus", in dem die Landesorganisation Tirol des Österreichischen Gewerkschaftsbundes untergebracht ist.

Ursprünglich war das Gebäude des Polizeigefängnisses eines der renommiertesten Hotels von Innsbruck. Die „Goldene Sonne" geriet jedoch in den Jahren nach dem Ersten Weltkrieg in wirtschaftliche Schwierigkeiten und musste verkauft werden. 1924 erwarb die Sozialdemokratische Arbeiterpartei das in der Innsbrucker Gründerzeit errichtete Gebäude und verwendete es als „Arbeiterheim" für verschiedene Teilorganisationen der Partei und der Gewerkschaft. Als die Sozialdemokratische Arbeiterpartei Österreichs im Jahr 1934 vom Regime des austrofaschistischen Bundeskanzlers Engelbert Dollfuss verboten wurde, konnte auch das „Arbeiterheim" nicht weitergeführt werden. 1936 erwarb es die Stadt Innsbruck und richtete dort die Bundespolizeidirektion ein. So wurde das ehemalige Hotel erstmals zum Polizeigefängnis. Bis zum „Anschluss" Österreichs an das Deutsche Reich waren es vor allem Mitglieder der verbotenen Sozialdemokratischen Partei Österreichs und illegale Nationalsozialisten, die hier inhaftiert waren. Nach dem „Anschluss" waren die Gegner des Nationalsozialismus hier in Haft.

Karteikarte der Gestapo Innsbruck mit „Endverfügung:
9.10. 42, 7.30, Transport Auschwitz" (Dokumentationsarchiv
des Österreichischen Widerstandes, DÖW Nr. 15062/6).

„Hier warteten Jüdinnen und Juden, deren Flucht in die sichere Schweiz gescheitert war, auf ihre Deportation in Konzentrationslager. Hier verlebten Innsbrucker Jüdinnen und Juden bange Tage der ‚Schutzhaft', bevor sie dazu überredet werden konnten, nach Wien zu übersiedeln oder ihren Besitz ‚freiwillig' zu verkaufen. Hier saßen Nonnen, Priester, Ordensleute, bevor sie wegen ‚Kanzelmissbrauchs', ‚Heimtücke' oder ähnlicher ‚Verbrechen' vor dem Richter standen; ebenso wie SozialistInnen und KommunistInnen, monarchistische und katholische WiderstandskämpferInnen, Spanienkämpfer, Menschen, die ‚Feindsender' gehört, die politische Witze erzählt hatten – alle, die dem nationalsozialistischen Staat als Volksfeinde galten." [110]

Als Edith Meyer am 29. August 1942 in dieses Gebäude verbracht wurde, fielen noch keine Bomben auf Innsbruck. Sie musste daher nicht so schreckliche Stunden erleben wie zwei Jahre später ein Häftling aus Südtirol, der während schwerer Bombenangriffe der Alliierten schutzlos in seiner Zelle gelassen wurde.[111]

Sechs Wochen befand sich Edith Meyer im Polizeigefängnis in Innsbruck. Wie viele andere erwartete sie ein ungewisses Schicksal. Was schließlich mit ihr geschah, wurde mit einer auf einer Karteikarte der Gestapo Innsbruck enthaltenen „Endverfügung" wie folgt vermerkt: „Edith Sara Meyer, Beruf: Haustochter, Wohnung: i. Ghetto in Riga, 9.10.42, 7.30, Transport Auschwitz".[112]

Wie der Transport von Edith Meyer von Innsbruck nach Auschwitz erfolgte, lässt sich nicht mehr genau rekonstruieren. Bekannt ist, dass die Deutsche Reichsbahn „Gefangenenwagen" mit eingebauten Zellen hatte. Diese fuhren in „Ringen" die auf der Strecke liegenden Haftanstalten ab, nahmen Gefangene auf und brachten diese je nach Bestimmungsort in andere Haftanstalten oder in Konzentrationslager. Die fahrplanmäßigen Ankunfts- und Abfahrzeiten waren in eigenen „Kursbüchern für Gefangenenwagen" festgelegt. Bei einzelnen Bahnhöfen war auch vermerkt, dass es sich um den Zielbahnhof für das dort oder in der Nähe befindliche Konzentrationslager handle. Die Kursbücher enthielten auch Angaben zur Kapazität der einzelnen Haftanstalten, die auf den jeweiligen Ringen angefahren wurden. Die Kapazität der *Haftanstalt Feldkirch (Vorarlberg)* wird darin mit „122 Männer, 32 Frauen", jene für die Haftanstalt Innsbruck mit „152 Männer, 33 Frauen" angegeben.

Für die „Ostmark" war der XV. Ring mit zwei Umläufen vorgesehen, der eine am Dienstag, der andere am Freitag. Edith Meyer wurde an einem Freitag nach Auschwitz verschickt. Es ist anzunehmen, dass dies in fahrplanmäßigen Zellenwagen des XV. Ringes erfolgte. Mit hoher Wahrscheinlichkeit führte ihr Weg über Wien, Prag oder Dresden nach Breslau und von dort nach Auschwitz.

Im „Kalendarium der Ereignisse im Konzentrationslager Auschwitz – Birkenau 1939–1945"[113], das von der Historikerin Danuta Czech erstellt wurde, sind im Zeitraum Oktober/November 1942 mehrere Transporte erwähnt, mit denen Edith Meyer in das Konzentrationslager Auschwitz gekommen sein könnte. Genaues lässt sich dazu aber nicht feststellen. Denn es kann nicht einmal mit Sicherheit gesagt werden, ob Edith Meyer überhaupt in Auschwitz angekommen ist. Sie wurde dort nicht registriert und scheint auch in den Sterbebüchern von Auschwitz nicht auf. In den Sterbebüchern erfasst und mit Häftlingsnummern registriert wurden in Auschwitz nur jene Häftlinge, die nicht sofort nach der Ankunft ermordet wurden. Wer gleich nach der Ankunft selektioniert und ermordet wurde, wurde nicht registriert und fand einen namenlosen Tod.

Mit mehr als einer Million Opfern[114] – hauptsächlich Juden, aber auch Polen, Sinti und Roma, sowjetischen Kriegsgefangenen und Häftlingen vieler anderer Nationen – war Auschwitz das größte Vernichtungslager des NS-Regimes. Etwa 100.000 Juden wurden dort als Häftlinge registriert, rund 960.000 hingegen ohne namentliche Erfassung von der Rampe weg in den Tod geführt. Auschwitz wurde so zum Inbegriff für das KZ-System und den Mord an den Juden schlechthin. Aus diesem Grund erklärte die Generalversammlung der Vereinten Nationen am 27. Januar 2005, dem 60. Jahrestag der Befreiung von Auschwitz, den Tag der Befreiung dieses Konzentrationslagers zum internationalen Holocaust-Gedenktag.

Auf Grund der „Endverfügung" der Gestapo Innsbruck ist anzunehmen, dass sich unter den Opfern von Auschwitz, deren an diesem Tag gedacht wird, auch Edith Meyer befindet. Denn seit sie dorthin auf den Weg geschickt wurde, fehlt jede Nachricht von ihr.

Ein persönliches Schlusswort

An einem trüben Novembermorgen des Jahres 2008 fragte ich in der M. Lengfeldschen Buchhandlung in Köln, in die ich zufällig geraten war, nach dem Weg zum Georgsplatz 7, wo Heinrich Heinen und seine Eltern wohnhaft gewesen waren. Dass mir der Inhaber dieser wunderschönen Buchhandlung erklärte, einen Georgsplatz gebe es in Köln gar nicht, ist fast schon symptomatisch für meine vergeblichen Bemühungen, nähere Informationen über Heinrich Heinen und seine Familie zu erlangen. Wohl fand ich die alte Georgskirche in der Nähe des wenig später eingestürzten Stadtarchivs von Köln, wo Heinens Eltern manches Gebet für ihren auf der Flucht erschossenen Sohn gesprochen haben mögen, mit offenen Toren vor, von der Familie selbst fand sich jedoch nicht die geringste Spur. Anfragen an Behörden, Pfarren, Schulen und Privatpersonen verliefen ergebnislos. Als ob die Familie nicht in dieser Stadt gelebt hätte.

Edith Meyer hingegen wurde mir vertraut wie eine Verwandte. Die Forschungen von Günter Schmitz über sie und ihre Familie boten mir einen tiefen Einblick in ihre Geschichte und die damaligen Lebensverhältnisse. Auch über das Leben und Schicksal von Helene Krebs bin ich vor allem durch Günter Schmitz unterrichtet worden. Ihm und seiner Frau, die mich beide in Langenfeld auch freundlich aufgenommen haben, danke ich daher ganz besonders für die großherzige Unterstützung meiner Nachforschungen. Ohne diese Hilfe hätte dieses Buch nicht in dieser Form erscheinen können.

Sehr herzlich danke ich auch Dr. Gertrude Schneider, die eine erste Fassung dieses Buches durchgesehen und

Mit demselben Transport wie Edith Meyer wurden auch die Kinder Rolf-Dieter Eichenwald, geb. am 27. August 1936, und Eva Eichenwald, geb. am 15. Dezember 1937 in Billerbeck, nach Riga deportiert, wo sie unter nicht näher bekannten Umständen starben. (Gertrude Schneider, Reise in den Tod, Deutsche Juden in Riga 1941–1944, Dülmen 2008, S. 2)

mir wertvolle Hinweise gegeben hat. Ihr Vortrag, den sie am 28. Januar 2010 anlässlich der Umbenennung der Realschule von Billerbeck in „Geschwister-Eichenwald-Realschule"[115] über das Ghetto von Riga und das Leben der Menschen dort gehalten hat, wird mir in dauernder Erinnerung bleiben. Der neue Name dieser Schule erinnert an die in Billerbeck geborenen Kinder Ralf-Dieter und Eva Eichenwald, die am 11. Dezember 1941 im Alter von fünf und vier Jahren nach Riga deportiert wurden – mit dem gleichen Transport wie Edith Meyer – und dort unter nicht näher bekannten Umständen ums Leben kamen. Welches Elend, welches Verbrechen, diese Kinder zum Sterben nach Riga zu schicken. Welches Elend, welches Verbrechen, Edith

Meyer und all die vielen anderen Menschen, dorthin und in den Tod zu schicken.

Heinens Verurteilung wegen „Rassenschande" ist die einzige bisher bekannte Verurteilung wegen dieses Deliktes, zu der es in Vorarlberg gekommen ist. Zwar war schon am 11. Dezember 1940 der Fluchtversuch eines deutsch-jüdischen Liebespaares in Feldkirch gescheitert, doch kam es in diesem Fall nicht zu einem Verfahren wegen Rassenschande, weil sich Eduard Roth, ein junger deutscher Soldat aus Nürnberg, der sich in Rotterdam in die junge Jüdin Elisabeth Sloves verliebt hatte, nach seiner Festnahme im Büro der Grenzaufsichtsstelle von Feldkirch erschoss. Vorher hatte er versucht, auch Elisabeth Sloves zu töten, die jedoch schwer verletzt überlebte und wegen versuchten illegalen Grenzübertrittes und „Beihilfe zur Wehrdienstentziehung" zu einer Gefängnisstrafe verurteilt wurde. Damals wurden in Feldkirch festgenommene Jüdinnen und Juden noch nicht sofort in ein Konzentrationslager eingewiesen. Elisabeth Sloves konnte daher nach Verbüßung ihrer Strafe nach Rotterdam zurückkehren. Dennoch blieb ihr der Weg nach Auschwitz nicht erspart. Im Oktober 1942 wurden sie und ihre Familie nach Auschwitz deportiert. Ihr Todesdatum wird mit 2. November 1942 angegeben.[116] Kurz davor dürfte auch Edith Meyer dort ermordet worden sein.

Das Verfahren gegen Heinrich Heinen wegen Rassenschande zeigt die Unmenschlichkeit eines Staates, der die Liebe zweier junger Menschen aus rassistischen Gründen verbot. Auch für dieses Verfahren gilt, was der spätere tschechische Staatspräsident Vaclav Havel einmal über einen Prozess gegen einen tschechischen Dissidenten geschrieben hat, nämlich, dass es sich um „einen aufsehenerregenden Streit um den Sinn menschlichen Lebens" gehandelt habe, um „eine dringliche Vergegenwärtigung der Frage, was der Mensch im Leben eigentlich tun soll. Ob er die Welt, wie sie ist, schweigend annehmen und sich als gehorsames Objekt eingliedern soll, oder ob er die Kraft hat, ein freies Subjekt zu sein, das sein Leben selbst wählt; ob er einfach ‚vernünftig sein' und sich einfügen soll, oder ob er das Recht hat, sich im Namen eigener Wahrhaftigkeit zu widersetzen." [117]

Es ist nicht „die Verwegenheit" dieses Mannes, die mich an Heinrich Heinen so beeindruckt, auch wenn sein Wagemut und Einsatz jeden Respekt verdient. Was mich an ihm vor allem beeindruckt und berührt, ist die Liebe dieses Mannes zu seiner Edith, die ihn Rassengesetze missachten und den Stacheldraht des Ghettos überwinden ließ.

Das Schicksal von Heinrich Heinen und Edith Meyer zeigt, wie weit der nationalsozialistische Unrechtsstaat von jenen Grundsätzen entfernt war, die wir heute mit einem Rechtsstaat verbinden. Nicht Gleichheit vor dem Gesetz und allgemein gültige Grund- und Menschenrechte bestimmten sein Handeln, sondern Ungleichbehandlung und Entrechtung von Menschen bis in den Tod. „Liebe steht nicht außerhalb des Staates. Sie ist letztlich seine Mitte", hat Fritz Bauer [118], selbst Verfolgter des NS-Regimes und später hessischer Generalstaatsanwalt einmal geschrieben. Dass sie nicht nur wie bei Edith Meyer und Heinrich Heinen auf individueller Ebene Kraft entfalte, sondern auch im Recht der Staaten und im Zusammenleben der Menschen wirksam sei, ist eine Sehnsucht und Hoffnung, die den Tod dieses Liebespaares überdauert.

Zu diesem Buch haben viele Menschen beigetragen. Ihnen allen danke ich. Hervorheben möchte ich Harald Stockhammer und meine Frau Maya, die das Entstehen dieses Buches von Anfang an begleitet und mir zahlreiche Anregungen gegeben haben. Zu besonderem Dank bin ich auch dem Direktor des Jüdischen Museums Hohenems, Hanno Loewy, sowie den Mitarbeiterinnen und Mitarbeitern des Vorarlberger Landesarchivs verpflichtet.

Abkürzungen

DÖW	Dokumentationsarchiv des Österreichischen Widerstandes, Wien
Jv	Justizverwaltung
LG Fk	Landesgericht, in der NS Zeit: Landgericht Feldkirch
LAV NRW R	Landesarchiv Nordrhein-Westfalen – Abteilung Rheinland, Düsseldorf
ÖStA/AdR	Österreichisches Staatsarchiv/ Archiv der Republik, Wien
RJM	Reichsjustizministerium
VLA	Vorarlberger Landesarchiv, Bregenz

Anmerkungen

1. LAV NRW R - RW 58 Nr. 52490, Bl. 8. Die in der Anfrage des Oberstaatsanwaltes mit „Gansbohlerstraße 23" angegebene frühere Adresse von Edith Meyer in Langenfeld müsste richtig „Ganspohlerstraße 13" lauten. Auch das angeführte Deportationsdatum „8. Dezember 1941" ist unrichtig. Tatsächlich wurde Edith Meyer am 11. Dezember 1941 von Düsseldorf aus nach Riga deportiert.
2. LAV NRW R - RW 58 Nr. 52490, Bl. 46.
3. Die Bezeichnung „Landgericht" entspricht der 1942 in Österreich geltenden deutschen Behördenterminologie. Nach der Befreiung Österreichs erhielt das „Landgericht" wieder die in Österreich übliche Bezeichnung „Landesgericht".
4. Günter Schmitz erforscht die Geschichte der Juden von Langenfeld und Monheim und bereitet ein Familienbuch über die dort wohnhaft gewesenen Juden vor. Ich danke ihm, dass er mir seine Forschungsergebnisse zur Verfügung gestellt und mir stets bereitwilligst Auskunft erteilt hat.
5. Holger Berschel, Bürokratie und Terror. Das Judenreferat der Gestapo Düsseldorf 1935–1945 (Düsseldorfer Schriften zur neueren Landesgeschichte und zur Geschichte Nordrhein-Westfalens, 58), Essen 2001.
6. Die Gestapoakte Helene Krebs befindet sich im Landesarchiv Nordrhein-Westfalen Düsseldorf unter der Signatur RW 58 Nr. 52490 und stellt die wichtigste Quelle zur Flucht von Heinrich Heinen von Riga nach Feldkirch dar.
7. Johann-August-Malin-Gesellschaft (Hgb.), Von Herren und Menschen. Verfolgung und Widerstand in Vorarlberg 1933–1945 (Beiträge zu Geschichte und Gesellschaft Vorarlbergs 5), Bregenz 1985.
8. KLs 12/43 LG Fk, Archiv des Landesgerichtes Feldkirch.
9. KLs 29/42 LG Fk, Archiv des Landesgerichtes Feldkirch.
10. Zitate aus den Akten werden unter Anführungszeichen und unter Beibehaltung der im Original enthaltenen Orthographie wiedergegeben. Dies kann dazu führen, dass in einem Zitat gleiche Wörter – insbesondere soweit es sich um die s-Schreibung handelt, unterschiedlich geschrieben sind. Im Original enthaltene Schreibfehler oder sinnstörende Auslassungen werden stillschweigend berichtigt. Um eine Überfrachtung dieses Buches mit Anmerkungen zu vermeiden, wurde darauf verzichtet, bei jedem einzelnen Zitat die Fundstelle unter Anführung der Akten- und Blattzahl anzugeben. Dies wäre in vielen Fällen auch nicht möglich gewesen, weil mehrere der zitierten Akten archivisch noch nicht erschlossen sind.
11. Mitteilung des katholischen Pfarramtes St. Stephan und St. Laurentius Köln-Lindenthal an den Verfasser vom 23. September. 2008.
12. Wilhelm Nyssen, Heiliges Köln, Köln 1975, S. 104 f.

13 E-Mail von Pater Gabriel Weiler, Pfarrer von St. Columba, an den Verfasser vom 7. November 2009. Im kirchlichen Anzeiger für die Erzdiözese Köln vom 1. April 1930 wird jedoch erwähnt, dass der Weihbischof Dr. Josef Hammels am 3. Februar 1930 285 Firmlingen, darunter auch 44 aus der Pfarre St. Georg, die Firmung gespendet hat.

14 Die folgende Darstellung der Geschichte von Edith Meyer und ihrer Familie beruht auf den Forschungen des Langenfelder Historikers Günter Schmitz. Hinweise zur Familie von Edith Meyer finden sich auch bei Hildegard Welfens, Verfolgung, Vertreibung und Vernichtung der jüdischen Bürger von Langenfeld, hgb. von der Stadt Langenfeld 1988. Als Quelle für die Stadtgeschichte von Langenfeld wurden die von Hans Bommerfeld im Selbstverlag herausgegebenen Beiträge zur Langenfelder Stadtgeschichte „Langenfeld unter dem NS-Regime 1932 bis 1934" (3 Bände, 1983 bis 1985) herangezogen.

15 Dr. Gert Tröger, Die Geschichte der Marienschule 1866–1945, in: 125 Jahre Marienschule Opladen 1866–1991, hgb. von der Marienschule Leverkusen-Opladen.

16 LAV NRW R, Gerichte Rep 372 Nr. 73 Bl. 48 V +R.

17 Eine Zusammenstellung der wichtigsten Daten sämtlicher „Judentransporte" aus dem „Großdeutschen Reich" findet sich bei Alfred Gottwaldt, Diana Schulle, Die „Judendeportationen" aus dem Deutschen Reich 1941–1945, Wiesbaden 2005.

18 Das „Reichskommissariat Ostland" wurde am 25. Juni 1941 für die Militär- und Zivilverwaltung der von den Deutschen besetzten Ostgebiete gebildet. Die folgende Darstellung beruht auf der Untersuchung von Andrej Angrick, Peter Klein, Die „Endlösung" in Riga: Ausbeutung und Vernichtung 1941–1944, Darmstadt 2006 (Angrick/Klein) und dem Buch von Gertrude Schneider, Reise in den Tod, Deutsche Juden in Riga 1941–1944, Dülmen 2008 (Schneider).

19 Schneider, aaO., S. 199.

20 Angrick/Klein, aaO., S. 63 ff.

21 Angrick/Klein, aaO., S. 159.

22 Wolfram Wette, Karl Jäger, Mörder der litauischen Juden, Frankfurt am Main 2011.

23 Angrick/Klein, aaO., S. 168.

24 Angrick/Klein, aaO., S. 161. Nach Mitteilung der Historikerin und Riga-Überlebenden Gertrude Schneider an den Verfasser haben jedoch fünfzig Personen dieses Transportes überlebt. Augenzeugenberichten zufolge seien fünfzig junge Männer nach ihrer Ankunft am Bahnhof Skirotava zum Räumen von Waggons abkommandiert worden und hätten das Gepäck des Berliner Transportes zum Jungfernhof, einem verwahrlosten Landgut bringen müssen. Von dort seien sie nach Salaspils gebracht worden, wo ein großes Männerlager geplant gewesen sei. Im August 1942 sei von dieser Gruppe allerdings nur mehr ein Berliner Jude namens Blumenthal am Leben gewesen.

25 Gottwaldt/Schulle, aaO., S. 127.

26 Barbara Materne, Die Deportation aus Düsseldorf am 11. Dezember 1941, in: Buch der Erinnerung. Die ins Baltikum deportierten deutschen, österreichischen und tschechoslowakischen Juden. Bearbeitet von Wolfgang Scheffler und Diana Schulle, hgb. vom „Volksbund Deutsche Kriegsgräberfürsorge e.V." und dem „Riga-Komitee der deutschen Städte" gemeinsam mit der Stiftung „Neue Synagoge Berlin – Centrum Judaicum" und der Gedenkstätte „Haus Wannsee-Konferenz", München 2003, Bd. 2, S. 691–694.

27 Hildegard Welfens, Verfolgung, Vertreibung und Vernichtung der jüdischen Bürger der Gemeinde Langenfeld 1933–1945 (Beiträge zur Langenfelder Stadtgeschichte), Langenfeld 1988, S. 81.

28 Materne, aaO., S. 692.

29 Sherman Hilde, Zwischen Tag und Dunkel. Mädchenjahre im Ghetto, Frankfurt am Main 1984, S. 29 ff.

30 Institut für Zeitgeschichte München, Eichmann-Beweisdokumente, Signatur Eich 139., hier zitiert nach Schneider, aaO., S. 73 ff. In Vernehmungen nach dem Krieg bestritt Paul Salitter einen so ausführlichen Text geschrieben zu haben – der Text müsse gefälscht worden sein. Er habe den Transport nur übernommen, um das Grab seines Bruders in Tauroggen (Litauen) fotografieren zu können. Gleichzeitig gab er aber zu, Einzelheiten von den vorangegangenen Erschießungen gehört zu haben, vgl. Barbara Materne, aaO., S. 694.

31 Kurt Schnöring, Auschwitz begann in Wuppertal, Wuppertal 1981, S. 38, schreibt, dass es „der 20jährigen Wuppertalerin Edith Meyer" bereits in Düsseldorf „mit Hilfe ihres ‚arischen' Freundes gelungen" sei, sich heimlich zu entfernen und dass sie dann bei der Solinger Bürgerin Helene Krebs untergetaucht sei. Diese Darstellung ist nicht richtig. Nach der Quellenlage besteht kein Zweifel, dass Edith Meyer, die nicht aus Wuppertal, sondern Langenfeld stammte, von Düsseldorf nach Riga deportiert wurde und von Heinrich Heinen aus dem Ghetto von Riga befreit wurde.

32 Sherman, aaO., S. 35.

33 E-Mail von Werner Rübsteck an den Verfasser vom 21. Juni 2009. Werner Rübsteck starb am 3. April 2011 in Haifa, Israel, im Alter von 83 Jahren.

34 Sammlung Mahn- und Gedenkstätte Düsseldorf, Interview von Angela Genger mit Chaim Werner Rübsteck in Kiriat Bialik, Israel vom 20.4.1996.

35 Angrick/Klein, aaO., S. 183 und S. 213.

36 Schneider, aaO., S. 79.

37 Buch der Erinnerung. Die ins Baltikum deportierten deutschen, österreichischen und tschechoslowakischen Juden. Bearbeitet von Wolfgang Scheffler und Diana Schulle, hgb. vom „Volksbund Deutsche Kriegsgräberfürsorge e.V." und dem „Riga-Komitee der deutschen Städte" gemeinsam mit der Stiftung „Neue Synagoge Berlin – Centrum Judaicum" und der Gedenkstätte „Haus Wannsee-Konferenz", München 2003, Bd. I, S. 20.

38 Angrick/Klein, aaO., S. 344.

39 Schneider, aaO., S. 175.
40 LAV NRW R, RW 58 Nr. 52490 Bl.4; im Aktenvermerk wird der Geburtsname von Helene Krebs unrichtig mit Herz statt mit Berg angegeben.
41 LAV NRW R, RW 58 Nr. 52490. Die folgenden Zitate stammen aus dieser Akte, Bll. 18, 20, 20a,38, 41, 45a, 46 und 48.
42 Brief von Prof. Dr. Gertrude Schneider an den Verfasser vom 29. Oktober 2009.
43 OT = Organisation Todt. Die Organisation Todt war eine militärisch organisierte Bautruppe, die für Baumaßnahmen in den von Deutschland besetzten Gebieten eingesetzt wurde. Sie war benannt nach Fritz Todt (1891–1942), der Generalinspektor für das deutsche Straßenwesen, SA-Obergruppenführer und ab 1940 Reichsminister für Bewaffnung und Munition war. Todt leitete unter anderem den Bau der Reichsautobahnen.
44 E-Mail von Peter Klein an den Verfasser vom 26. August 2009.
45 Persönliche Mitteilung von Gertrude Schneider an den Verfasser vom 28. Januar 2010.
46 KLs 29/42 LG Fk.
47 Bundesministerium für Justiz (Hgb.), Hundert Jahre Landesgericht Feldkirch. Festschrift zum hundertjährigen Bestand des Justizgebäudes in Feldkirch, Wien 2005, S. 17; dort auch: Franz Bertel, Ein Justizgebäude. S. 19 ff.
48 VLA LG Fk Jv, Schachtel 147, Generalakten AZ 22, S. 36; Erlass des Reichsministers der Justiz vom 12. Oktober 1942 an die höheren Reichsjustizbehörden, GZ 2200-Ia9 1631.
49 VLA LG Fk Jv, Schachtel 139, Generalakten 42–48; das Zitat stammt aus einem Aufsatz von Oberbannführer Walter Tetzlar über die nationalsozialistische Rechtsphilosophie, der in der Zeitschrift „Der Hitler-Jugend-Richter", Schulungsblatt des Amtes Gerichtsbarkeit der Reichsjugendführung, Juni 1941, Folge 4, S. 3 ff, erschienen ist.
50 Alfons Dür, Dr. Martin Schreiber (1879–1961) Landesgerichtspräsident, Staatsrat, Landesstatthalter, in: MONTFORT, Vierteljahresschrift für Geschichte und Gegenwart Vorarlbergs, 2007, S. 177.
51 Gerhard Wanner, Geschichte der Stadt Feldkirch 1914–1955 (Schriftenreihe der Rheticus Gesellschaft Nr. 39), Feldkirch 2000, S. 144 f.
52 Ulrich Nachbaur, Als der Zug langsam in Feldkirch einfuhr, Rheticus, Vierteljahresschrift der Rheticus Gesellschaft 1998, Nr. 3/4, S. 223–294.
53 Arthur Hager, Die Finanzverwaltung in Österreich vom März 1938 bis Mai 1945, in: Der Finanzdienst, Mitteilungsblatt der Bundessektion Finanz der Gewerkschaft öffentlich Bediensteter, April 1976, hier zitiert nach Gernot Egger, Ins Freie? Die vorarlbergisch-schweizerische Grenze 1933–1945, in: Johann-August-Malin-Gesellschaft (Hgb.), Von Herren und Menschen. Verfolgung und Widerstand in Vorarlberg 1933–1945, Bregenz 1985, S. 234–257.

54 Stadtarchiv Feldkirch, Chronik des Hauptzollamtes Feldkirch, 3. Bd., S. 168 ff.
55 VLA LG Fk Jv, Schachtel 142, Sammelakten 541E, 5.
56 VLA LG Fk Strafakten, Schachtel 315, Vr 672/46-17.
57 Hermann Nehlsen, Der zweite Weltkrieg in seiner Wirkung auf das Strafrecht während der NS-Zeit. Der Krieg als Argument, in: Hermann Nehlsen, Georg Brunn (Hgb.), Münchner rechtshistorische Studien zum Nationalsozialismus, Frankfurt am Main 1996, S. 110.
58 VLA LG Fk Jv, Schachtel 138, Generalakten 40, Erlass des Reichsministers der Justiz vom 18. Juli 1942, Gz 4012-IVa-4 1360.42
59 VLA LG Fk Jv, Schachtel 131, Generalakten 11, Erlass des Reichsministers der Justiz vom 10. Januar 1942, Gz 1121-Va-7 46/42.
60 VLA LG Fk Jv, Schachtel 131, Generalakten 11, Erlass des Reichsministers der Justiz vom 26. Juni 1941, Gz. 1121-IIIa4 935/41.
61 VLA LG Fk Jv, Schachtel 131, Generalakten 142-17.
62 Alfred Schweder, Politische Polizei. Wesen und Begriff der politischen Polizei im Metternichschen System, in der Weimarer Republik und im nationalsozialistischen Staat, 1937, zitiert nach Ulrike Davy, Die Geheime Staatspolizei in Österreich, Wien 1990, S. 32.
63 Ulrich Nachbaur, Österreich als Opfer Hitlerdeutschlands. Das Rot-Weiß-Rot-Buch 1946 und die unveröffentlichten Vorarlberger Beiträge (Quellen zur Geschichte Vorarlbergs, Bd. 11 (N.F.)), Regensburg 2009, S. 209 f.
64 Ernst Fränkel, Der Doppelstaat², Hamburg 2001.
65 Lothar Gruchmann, Justiz im Dritten Reich 1933–19403 (Quellen und Darstellungen zur Zeitgeschichte, Bd. 28), München 2001, S. 1124.
66 VLA LG Fk Strafakten, Schachtel 315, Vr 672/46-17.
67 VLA LG Fk Strafakten, Schachtel 315, Vr 672/46-20.
68 Joseph Walk (Hgb.), Das Sonderrecht der Juden im NS-Staat², Heidelberg, 1996, S. IX.
69 Winfried Seibert, Das Mädchen, das nicht Esther heißen durfte. Eine exemplarische Geschichte, Leipzig 1996, S. 30.
70 Seibert, aaO. S. 136. Seiberts Studie über das nationalsozialistische Namensrecht ist überaus informativ.
71 Walk, aaO., S. 16 (I, 69).
72 Seibert, aaO., S. 257 ff.
73 Andreas Rethmeier, „Nürnberger Rassegesetze" und Entrechtung der Juden im Zivilrecht (Rechtshistorische Reihe; Bd. 126), Frankfurt am Main, Berlin, Bern, New York, Paris, Wien 1995, S. 328.
74 Jewish Transmigration Bureau Deposit Cards. 1939–1945, Case 3755, Roll 08 – Alphabetical Index to Case Beneficiaries, K – P, bzw. Roll 02 – Cases 15787–18653, 2300–4089.
75 Alexandra Przyrembel, Rassenschande, Reinheitsmythos und Vernichtungslegitimation im Nationalsozialismus, Göttingen 2003, S. 379.
76 Rethmeier, aaO., S. 285.

77 Przyrembel, aaO., S. 382.
78 VLA LG Fk Jv, Schachtel 136, Generalakten AZ 323-2, Erlass des Präsidenten des Oberlandesgerichtes Innsbruck vom 2. März 1940.
79 ÖStA/AdR, RJM 2337, BMJ 5506/50.
80 ÖStA/AdR, BMJ III/A, NA Karton 527.
81 ÖStA/AdR, RJM 1554, BMJ 51215/48; im Erkenntnis der Sonderkommission des Oberlandesgerichtes Innsbruck vom 11. Juni 1946, Sk 68/46, für dessen Überlassung ich Dr. Ursula Schwarz vom DÖW danke, heißt es, dass das Gaupersonalamt Salzburg am 25. Mai 1939 über Dr. Siegfried Ratzenböck „ein von Gehässigkeit strotzendes Gutachten, das in seinem Endergebnisse ihm die politische Zuverlässigkeit voll abspricht", erstattet habe. Die Sonderkommission kam zu der Beurteilung, dass Dr. Siegfried Ratzenböck nach seinem bisherigen Verhalten die Gewähr dafür biete, „daß er jederzeit rückhaltlos für die unabhängige Republik Österreich eintreten werde".
82 VLA LG Fk Jv, Schachtel 149, Generalakten AZ 145-50.
83 ÖStA/AdR, BMJ, III/A, Liquidator Karton 383 Möller. Ich danke Dr. Ursula Schwarz vom DÖW für die Überlassung einer Kopie des Erkenntnisses der Sonderkommission des Oberlandesgerichtes Innsbruck vom 17. Februar 1947, Sk 226/46.
84 Auskunft der Präsidentin des Obersten Gerichtshofes Wien vom 28. September 2010.
85 VLA LG Fk Jv, Schachtel 138, Generalakten 41, Erlass des Reichsministers der Justiz vom 7. August 1942, Gz. 4110-IVa-4 1586.
86 KLs 29/42 LG Fk.
87 Zu Josef Höfel und der Aktionistischen Kampforganisation siehe Johann-August-Malin-Gesellschaft (Hgb.), Von Herren und Menschen, aaO., S. 86 ff, sowie DÖW Nr. 8197.
88 DÖW Nr. 8197. Das Oberlandesgericht Wien war vom Volksgerichtshof in Berlin mit der Verfolgung von Strafsachen in Österreich beauftragt, die in die Zuständigkeit des Volksgerichtshofes fielen. Es entschied u.a. durch „reisende" Senate, die am Sitz des jeweils zuständigen Landgerichtes, im Falle Höfels in Feldkirch, verhandelten.
89 Die Zitate und Informationen zu Erwin Kermer und den weiteren Mithäftlingen von Heinrich Heinen stammen aus dem Akt KLs 12/43 LG Fk.
90 Der Name Rathgeb wird in den Akten teilweise mit und teilweise ohne „th" (Ratgeb/Rathgeb) geschrieben. Im Urteil des Sondergerichtes beim Landgericht Feldkirch vom 19. Mai 1943 und in der Anklageschrift wird die hier als richtig angenommene Schreibweise Rathgeb verwendet.
91 Sämtliche Zitate stammen aus dem Akt KLs 12/43 LG Fk.
92 Sämtliche Zitate stammen aus dem Akt KLs 12/43 LG Fk.
93 Die Chroniken des Gendarmeriepostens Hohenems und des Bezirksgendarmeriekommandos Feldkirch befinden sich im Archiv des Landespolizeikommandos für Vorarlberg. Ich danke Oberst Arnold Perfler für seine Unterstützung bei meinen Nachforschungen.

94 Harald Walser, Die illegale NSDAP in Tirol und Vorarlberg 1933–1938, Wien 1983, S. 80 ff.
95 Die Auskunft, dass Heinens Grab nicht mehr zu eruieren sei, hatte ich vom Pfarramt Hohenems erhalten. Zu Heinens Grab siehe nunmehr Arnulf Häfele, Im San Toni. Friedhof und Kapelle St. Anton in Hohenems, Band 15 der Schriften des Kulturkreises Hohenems, Hohenems 2012, S. 157 f.
96 VLA LG Fk Strafakten, Schachtel 315, Zeugenaussage Kunibert Nachbaur vom 3. August 1946.
97 Durch das Münchner Abkommen vom 29. September 1939 wurden die sudetendeutschen Gebiete von der Tschechoslowakei abgespalten und dem Deutschen Reich eingegliedert. In der Folge spaltete sich die Slowakei von der Tschechoslowakei ab und wurde auf Grund eines ihr vom Deutschen Reich aufgezwungenen Schutzvertrages zum Satellitenstaat Deutschlands. Am 15. März 1939 besetzten Deutsche Truppen schließlich die Resttschechoslowakei. Hitler verkündete am 16. März 1939 das Ende der Tschechoslowakei und proklamierte am gleichen Tag in Prag das unter deutscher Gebietshoheit stehende Protektorat Böhmen und Mähren als Teil des Großdeutschen Reiches mit eingeschränkter Selbstverwaltung.
98 Für diesen und mehrere andere Hinweise zur Familie von Friedrich Frolik danke ich Herrn Ing. Vladimír Feldmann, Bibliothekar des Bistums České Budejovice (Budweis).
99 Martin Hirsch, Diemut Majer, Jürgen Meinck (Hgb.), Recht, Verwaltung und Justiz im Nationalsozialismus, Baden-Baden 1997, S. 429.
100 ÖStA/AdR, Personalakt des Reichsjustizministeriums M 1531.
101 Telefonische Auskunft der Witwe an den Verfasser.
102 Das Schreiben befindet sich im Akt 10 Vr 4665/46 Landesgericht Innsbruck gegen Dr. Herbert Möller. Ich danke Martin Achrainer für die Überlassung dieses Dokumentes.
103 Johann Dachs, Tod durch das Fallbeil. Der deutsche Scharfrichter Johann Reichhart (1893–1972), Regensburg 1996.
104 Die folgende Darstellung beruht auf der Gestapoakte Helene Krebs LAV NRW R - RW 58 Nr. 52490, insbesondere Bll. 12, 22, 36, 42, 43, 64, 65, 67, 67a, 72, 72a, 73, 75, 76, 76a, 79, 85 und 85a.
105 Berschel, aaO., S. 421.
106 Nach Mitteilung von Günter Schmitz heiratete der Vater von Helene Krebs, Wilhelm Jacob Berg 1899 in Langenfeld Mina (Wilhelmine) Salomon und ließ sich in Langenfeld nieder. Wilhelm Jacob Berg stammte aus Essen. Vor ihm lassen sich im Raum Langenfeld/Rhein-Wupper-Kreis keine anderen Bergs nachweisen. Bei den Angaben von Paul Krebs, dass die Familie seiner Frau seit über 400 Jahren „im Bergischen Land" lebe, dürfte es sich daher um eine übertreibende Aussage handeln, mit der Paul Krebs zum Ausdruck bringen wollte, dass diese jüdische Familie seit langem hier integriert sei und von ihr keine „Staatsgefährdung" ausgehe.

107 Sterbebücher von Auschwitz. Fragmente. 2. Bd.: Namensverzeichnis A – L, hgb. vom Staatlichen Museum Auschwitz-Birkenau, München 1995, S. 644.
108 Helene Krebs hatte zwei Schwestern und drei Brüder. Zwei der Brüder emigrierten in der zweiten Hälfte der Dreißiger Jahre in die USA bzw. nach Palästina. Der dritte Bruder wurde in das Konzentrationslager Theresienstadt deportiert, überlebte aber. Helenes Schwester Martha wurde am 17. September 1944 zusammen mit anderen Solinger Juden aus „Mischehen" verhaftet. Auf dem Transport von Weimar in das KZ Theresienstadt gelang ihr die Flucht. Dank der Hilfe Dritter konnte sie in der Nähe von Zeitz in der Illegalität überleben.
109 Mitteilung von Margit Tamar Berg, einer in den USA lebenden Nichte von Helene Krebs, an den Verfasser.
110 Sabine Pitscheider, Die „Sonne" – Das Haus der Gewerkschaften, in: Horst Schreiber, Rainer Hofmann: 60 Jahre ÖGB Tirol, Geschichte – Biographien – Perspektiven, Wien 2004, S. 34.
111 Franz Thaler, Unvergessen. Option, KZ Dachau, Kriegsgefangenschaft, Heimkehr. Ein Sarner erzählt, Bozen 1989, S. 46 ff.
112 DÖW Nr. 15062/6.(LG Innsbruck: Karteikarten der polit. Häftlinge 1938–1948, Buchstabe M).
113 Danuta Czech, „Kalendarium der Ereignisse im Konzentrationslager Auschwitz – Birkenau 1939–1945", Reinbek bei Hamburg 2008, S. 318 ff.
114 Wolfgang Benz, Barbara Distel, Der Ort des Terrors. Geschichte der nationalsozialistischen Konzentrationslager, Bd. 5, München 2007, S. 75–312.
115 Die Umbenennung der Realschule Billerbeck in „Geschwister-Eichenwald-Realschule" hat eine bemerkenswerte Vorgeschichte. Der aus Billerbeck stammende Unternehmer Dr. Wolfgang Suwelack, Jahrgang 1937, hatte festgestellt, dass die ebenfalls aus Billerbeck stammenden Kinder Rolf-Dieter (geb. am 27. August 1936) und Eva (geb. am 15. Dezember 1937) Eichenwald, auf deren Geschichte er aufmerksam wurde, nahezu gleich alt waren wie er. Das Schicksal der beiden Kinder ließ Wolfgang Suwelack nicht mehr los. Er regte an, dass Schüler und Schülerinnen der Realschule Billerbeck versuchen sollten, das Schicksal der Familie Eichenwald aufzuklären. Dies führte zur Gründung der Arbeitsgemeinschaft „Spuren finden", die das kurze Leben der beiden Kinder zu erforschen suchte. 2003 errichtete Wolfgang Suwelack schließlich zur Förderung der Gedenkkultur und Unterstützung der Friedensarbeit in Billerbeck und dem Münsterland die „Wolfgang Suwelack Stiftung". Die Umbenennung der Schule wurde maßgeblich von dieser Stiftung in Zusammenarbeit mit der Schulleiterin Barbara van der Wielen betrieben.
116 Alfons Dür, „Ich hatte den Roth gerne wie noch nie einen Mann". Die im Dezember 1940 in Feldkirch gescheiterte Flucht der holländischen Jüdin Elisabeth Sloves und ihres deutschen Freundes Eduard Roth in die Schweiz; in: MONTFORT, Zeitschrift für Geschichte Vorarlbergs, 2011, Bd.2, S. 127 ff.

117 Vaclav Havel, Der Prozess, abgedruckt in der von Heinrich Böll, Günter Grass und Carola Stern herausgegebenen Zeitschrift „L 76", Nr. 4, S. 85 ff. Der Bericht des späteren tschechischen Staatspräsidenten bezog sich auf den Prozess gegen den tschechischen Dissidenten Ivan Jirous.
118 Fritz Bauer, Auf der Suche nach dem Recht, Stuttgart 1966, S. 15.

Mignon Langnas
Tagebücher und Briefe 1938–1949
Hrsg. von Elisabeth Fraller und George Langnas
256 Seiten, mit zahlreichen Abbildungen
€ 9.95
HAYMON taschenbuch 87
ISBN 978-3-85218-887-4

Die ergreifenden Aufzeichnungen einer jüdischen Krankenschwester im Wien der NS-Zeit: Während Ehemann und Kinder 1939 rechtzeitig in die USA flüchten können, bleibt Mignon Langnas mit ihren gebrechlichen Eltern in Wien zurück. In ihren Briefen und Tagebüchern schildert sie auf eindringliche Weise den Alltag der jüdischen Bevölkerung unter dem Nazi-Regime und während des Krieges.

Mit außergewöhnlichen Fotografien versehen, öffnet dieses Buch einen einmaligen Zugang zu einem der schrecklichsten Kapitel unserer Geschichte.

„*Zeitgeschichtliche Zeugnisse von einzigartigem Wert*"
Die Presse, Gabriele Anderl

„*Aus der Korrespondenz spricht ein unbeugsamer Wille zum Leben*"
Frankfurter Allgemeine Zeitung, Christiane Liermann

„*Ihr Schicksal erzählt von einer Frau, die angesichts des Terrors beschließt, ihren eigenen Weg zu gehen.*"
Falter, Barbara Tóth

www.haymonverlag.at